mütter sind
die besseren
manager

Wir widmen dieses Buch
unseren vier Töchtern Daniela, Christina,
Evelyn und Nicole

Petra Preis
Sylvia Rothblum

mütter sind die besseren manager

welche kompetenzen frauen haben und wie sie damit karriere machen

prominente frauen
verraten ihre strategien

Mosaik

✳ Inhalt

Grünes Licht für die Karriere **trotz Kind**?

*Die beiden höchsten IQ-Werte,
die jemals in den Standardtests ermittelt wurden,
gehören Frauen.*

Dieses Buch musste geschrieben werden! Zum einen, weil wir beiden Autorinnen als arbeitende Mütter täglich mit dieser Problematik konfrontiert werden und jede von uns zwei Töchter hat (Daniela, Christina, Evelyn und Nicole). Zum anderen aber vor allem, weil sich fast jede Mutter, ganz gleich ob sie zu Hause bleibt oder erwerbstätig ist bzw. bald wieder sein möchte, schon mal mit dieser Thematik befassen musste. Soll eine Mutter außer Haus arbeiten? Werden dann nicht die Kinder vernachlässigt? Wer organisiert die Betreuung? Wie sieht die Rolle des Mannes aus? Wie reagiert die Umwelt?

Es gibt unzählige Fragen, aber leider sehr wenige Antworten. Auch dieses Buch hat keine Patentlösungen parat.

Wir, die Autorinnen, haben unsere Erfahrungen im »Arbeitsdschungel« in dieses Buch einfließen lassen und viele interessante Frauen und Experten zu dieser Thematik befragt.

Wir glauben, das einzige Ergebnis, zu dem man kommen kann, ist: Es gibt keine allgemein gültigen Antworten, die auf alle Frauen und Mütter zugeschnitten sind. Jede Frau muss *den* Weg finden, den sie sich erträumt und den sie vor sich selbst und ihrer Familie verantworten kann. Jeder Mensch ist individuell – und jedes Kind auch: Was beim einen funktioniert, ist nicht unbedingt auch für das andere optimal.

Trotzdem möchten wir jeder Mutter/ Frau, die zum Vorstellungsgespräch eingeladen wird und sich Sorgen macht, ob der potenzielle Chef ihre mütterlichen Managementqualitäten auch wirklich erkennt, den Rat geben, dieses Buch einfach mitzunehmen. Darin stehen so viele positive Erfahrungen und »Beweise« dafür, welche Qualifikation Mütter/Frauen für einen verantwortungsvollen Job mitbringen – das sollte jeden Chef davon überzeugen, was eine Mutter alles kann!

Die größte Herausforderung – für Frauen gleichermaßen wie für Männer – besteht darin, aus ihren Kindern verantwortungsvolle und wertvolle Mitglieder der Gesellschaft zu machen. Im Vergleich dazu ist jede andere Managementaufgabe ein Kinderspiel. Wir kennen Manager, die in ihrem Unternehmen für Millionenbeträge verantwortlich sind und bei einem einzigen »freien« Tag mit ihren zwei Kleinkindern im Chaos zu versinken drohen. Das sollte eigentlich für sich sprechen.

Das Wichtigste für Frauen, die sich einen Aufstieg auf der Karriereleiter zum Ziel setzen, ist es, von sich und ihren Fähigkeiten überzeugt zu sein. Wenn Sie selbst denken, »Das werde ich nie schaffen«, wie wollen Sie dann einem Vorgesetzten klarmachen, dass Sie für eine Führungsposition genau die Richtige sind?

Unsere Interviewpartnerinnen und auch die vielen Fakten, die wir zusammengetragen haben, bestärken uns in der These, dass Mütter, wenn nicht die *besseren* Manager, so doch zumindest *genauso gut* sind wie die Männer, ohne die das Arbeiten aber auch nur halb so viel Spaß machen würde.

Nicht vergessen möchten wir, unseren Familien und Freunden sowie allen anderen, die zum Gelingen dieses Buches beigetragen haben, zu danken. Ein besonderes Dankeschön geht an unsere Freundin Eva Sharbatov, die uns mit ihrer Unterstützung und ihren wertvollen Tipps eine unschätzbare Hilfe war.

Ihnen, liebe Leserinnen und hoffentlich auch Leser, wünschen wir viel Freude und Anregung beim Studieren unserer Erfahrungsschätze und dann vor allem – viel Erfolg!

Die Autorinnen

Mein Weg: Beruf - Kind - Karriere

Biografie
Petra Preis

»Haben alle Menschen eine Seele?«, fragte die kleine Tochter. Und als die Mutter diese Frage bejahte, bohrte die Kleine weiter: »Hast du also auch eine Seele?« – »Ja, selbstverständlich!« – »Ach Mami, bitte, ich möchte so gern einmal deine Seele sehen!« – »Das geht leider nicht. Sie ist unsichtbar!« Als die Mutter jedoch die Enttäuschung ihrer Tochter bemerkte, fügte sie zum Trost hinzu: »Manchmal ist die Seele doch zu sehen, und zwar in den Augen.« Da wollte das kleine Mädchen sofort auf den Schoß der Mama klettern. Sie hielt sich an ihren Schultern fest und schaute ihr eindringlich in die Augen. »Mami, Mami«, rief sie auf einmal, »ich kann deine Seele sehen. Sie sieht ja aus wie ein Kind!« Als ich diese Geschichte vor einiger Zeit las, rührte sie mich ganz stark an. Denn es steckt viel Wahrheit darin.

Seither schaue ich meinem Gegenüber stets viel bewusster in die Augen und versuche, wie das Kind darin zu lesen. Ich gebe zu, einfach ist das nicht. Und manchmal haben mich meine Menschenkenntnis und mein Bauchgefühl schon arg getrogen – aber gerade eine Frau ist ja lernfähig. Noch dazu, wenn sie Mutter ist und mitten im Trubel des Lebens steht!

Aufgewachsen in einem liebevollen Elternhaus, das mich sehr prägte und mir immer Wärme und Geborgenheit vermittelte, war ich doch sehr vom traditionellen Rollenbild der Frau bestimmt: Meine Mutter hat es stets verstanden, unser Zuhause zu einer wirklichen Oase für Mann und Kinder werden zu lassen. Obwohl sie bis zur Geburt meines jüngeren Bruders berufstätig war und immer auf die Uhr sehen musste, um mich rechtzeitig in den Kindergarten zu bringen und von dort wieder abzuholen, war sie jederzeit für mich da. Das habe ich sehr genossen und mich stets gefreut, wenn ich von der Schule nach Hause kam und die Mama in der Tür stand.

Genau das versuche ich auch bei meinen eigenen Kindern umzusetzen: ihnen im Alltag das Gefühl zu geben, für sie da zu sein. Allerdings gibt es bei uns doch zumindest einen großen Unterschied zur Lage meiner Mutter. Meine Kinder haben zusätzlich in den Großeltern wichtige Bezugspersonen, die sie sehr lieben. Deshalb können es ruhig auch Oma oder Opa sein, die nach der Schule oder dem Kindergarten als Ansprechpartner fungieren, zum Beispiel dann, wenn die Mama wieder mal fünf Termine an einem einzigen Tag zu erledigen versucht und damit sie nicht ständig »auf dem Sprung« sein muss.

Schon als Jugendliche stand für mich fest, dass es später einmal nur einen Beruf für mich gäbe: den der Journalistin. Zwischendrin liebäugelte ich auch mal mit dem Polizeidienst, aber angesichts von Schichtarbeit und schlechten Aufstiegschancen für Frauen habe ich den Gedanken bald wieder verworfen. Wissbegierig war ich schon immer, und Deutsch war mein Lieblingsfach (neben Musik und Latein, was meinen Mann noch heute zu ungläubigem Kopfschütteln veranlasst). Außerdem kommen Journalisten viel herum, werden fürs Ausfragen fremder Leute sogar noch bezahlt und leiden nie unter Langeweile. Tatsächlich, Langeweile gab es in meinem Job noch nie. Eher das Gegenteil: Schichtarbeit bei Tageszeitungen mit Nacht- und Wochenenddiensten, Gehetze von einem Termin zum nächsten, Sprünge ins kalte Wasser und ständiger Termindruck. »Das muss man mögen, und Sie scheinen das tatsächlich zu tun!«, meinte einmal ein älterer Interviewpartner fast ungläubig, als es um einen Artikel zum Thema »Wie gestalte ich meinen Lebensabend« ging und er mir erzählte, wie froh er sei, nun endlich der beruflichen Tretmühle entkommen zu sein. Zuvor hatte ich ihm in Auszügen von meinem Arbeitsalltag berichtet, dass ich schon glücklich wäre, wenn ich alle zwei Wochen mal für eine Stunde zum Sport käme, und nur ein verschmitztes Schmunzeln geerntet. »Ach Kind, auch Sie werden es noch lernen! Es gibt doch so viele schöne Dinge im Leben, viel schönere als nur die Arbeit!«

Ich pflichte diesem 65-Jährigen voll und ganz bei – allerdings bin ich 30 Jahre jünger und voller Energie. Ich sehe mich auch später nicht als Oma, die sich ab 60 erschöpft im Schaukelstuhl zurücklehnt und vor ihren Enkeln (sofern ich überhaupt welche bekomme!) auf das kräftezehrende Berufsleben schimpft. Ich liebe meinen Job, ich liebe meine Kinder, und ich liebe meinen Mann – diese Reihenfolge ist nicht bewusst gewählt, und ich hoffe, dass mich meine Familie beim Lesen dieser Zeilen nicht beleidigt zum Auszug zwingt! In die Job-Tretmühle habe ich mich nach einer klassischen Journalistenausbildung nämlich freiwillig begeben. Ich gestehe, Spaß hat es mir immer gemacht. Es gab allerdings auch Tage, an denen ich das reinste Nervenbündel war: wenn es noch offene Seiten gab, Artikel fertig geschrieben werden mussten, wichtige Fotos in der Halde des Schreibtischs unauffindbar verschwanden, sich das Telefon totklingelte und obendrein noch zwei freie Mitarbeiter in der Tür standen und erwartungsvoll nach Terminvergaben fragten. Aber mein Tag war spannend ohne Ende, die Zeit verging wie im Flug, ich war ständig auf Achse und trieb meinen Mann zur Verzweiflung, wenn ich ihm mal wieder mitteilte, dass es auch heute leider ein bisschen später würde ...

Als ich mich aber wieder einmal dabei ertappte, wie ich verstohlen in jeden Kinderwagen blickte, der an mir vorbeigeschoben wurde, wusste ich schlagartig, was mir eigentlich trotz des ganzen Trubels fehlte. Zwar war ich im Beruf erfolgreich und verdiente gut, die Arbeit war oft zu reichlich, aber ich war schließlich noch jeden Tag damit fertig geworden, weil sie mir einfach Spaß machte. Auch beim Nachhausekommen wartete keine leere Wohnung auf mich, sondern ein Ehemann, in den ich mich auf den ersten Blick verliebt hatte und mit dem ich noch heute sehr glücklich bin. Der Urlaub war jedes Jahr gesichert, man fuhr ein bisschen Ski, machte Ausflüge, ging regelmäßig ins Kino oder ins Konzert und pflegte einen netten Freundeskreis (wenn man denn mal Zeit dazu hatte). Und doch merkte ich, dass ich unzufrieden war. Seltsam, wie viele Schwangere es doch in München gab?! Das war mir noch nie aufgefallen, erst als ich mir selbst eingestand, dass beruflicher Erfolg nicht alles ist und mir etwas zum vollkommenen Glück fehlte. Und zwar etwas, das ich als »das große Glück im Leben einer Frau« bezeichnen möchte: ein Kind – oder besser gleich mehrere. Ich wünschte mir Nachwuchs, wollte endlich eine eigene Familie gründen, über zarte Babyhaut streicheln, das Kleine lieb haben und ihm eine gute Mutter sein.

Seitdem sind bald neun Jahre vergangen. Inzwischen bin ich glückliche Mutter zweier aufgeweckter Mädchen im Alter von vier und acht Jahren. Meine Oma hatte mir als Kind zwar eingeschärft, dass man »im Leben nicht alles haben kann«. Aber trotz einiger Hindernisse, Kompromisse und Tage mit schlechtem Gewissen glaube ich heute, dass es doch prima funktioniert, Beruf und Familie zu vereinbaren und darüber hinaus auch noch »Karriere zu machen«. Dieser Ausdruck besitzt leider immer noch einen negativen Beigeschmack, sogar unter uns jungen Frauen, zu denen ich mich mit meinen 35 Jahren schon noch zähle. Man denkt an Ellenbogen, täglichen Stress, Mobbing und gnadenlose Vorgesetzte. Ähnliches habe ich natürlich auch erlebt. Zugegeben, Journalisten haben keinen Acht-Stunden-Tag, sondern müssen sich täglich durch unzählige Pressemitteilungen wühlen, unter Zeitdruck Artikel schreiben, knallige Überschriften für fremde oder – viel besser! – für eigene Texte finden, feinfühlig und doch gezielt recherchieren und dem Chefredakteur möglichst täglich einen Sack voll toller neuer Ideen präsentieren.

An Ideen hat es mir nie gefehlt – die Arbeit war immer gleichzeitig auch mein Hobby gewesen –, aber als das erste Kind in meinem Bauch heranwuchs, habe ich doch andere Prioritäten gesetzt: nicht mehr drei Abendtermine pro Woche klaglos geschluckt und nicht über jeden zusätzlichen Wochenendeinsatz jubiliert, auch mal auf die Uhr geschaut nach einem langen Redaktionstag und mich ganz offen auf meine neue Rolle gefreut. Den Kollegen hat das natürlich nicht so gut gefallen, aber mir war mein Kind zu der Zeit einfach wichtiger. Und ich war glücklich wie eine Schneekönigin, als nach etlichen Aufregungen in den ersten Schwangerschaftsmonaten alles gut verlief und ich im Sommer eine gesunde Tochter zur Welt brachte. Mein Mann war sehr stolz auf mich, ich selbst nicht minder, das gebe ich offen zu. Mit der Geburt der zweiten Tochter knapp vier Jahre später habe ich nun ein Doppel komplett und eine Familie, in der Langeweile ein Fremdwort ist. Daniela und Christina gehören untrennbar zu meinem Leben, bereichern es und lassen mich sogar wieder selbst Kind sein: In der Sandkiste Kuchen backen, auf der Schaukel in Richtung Mond fliegen, aus Pfeifenputzern und Wäscheseil eine super Gondel basteln.

Dass ich allerdings nie allein nur mit Hausarbeit, Wickeln und gelegentlichem Rasenmähen glücklich sein würde, wusste ich schon als junges Mädchen. Meinen Traum, Journalistin zu werden, habe ich ganz gezielt verwirklicht. Und dann das alles für die Familie aufgeben? Nein, das wollte ich nie und werde ich auch nie. Ein bisschen kürzer treten, okay, das habe ich ein Jahr lang gemacht. Als Daniela 14 Monate alt war, fiel mir dermaßen die Decke auf den Kopf, dass ich mich geradezu euphorisch auf jeden noch so kleinen Auftrag stürzte und dann voller Vorfreude zum Termin eilte. Heute wissen meine Mädchen, dass ihre Mama Spaß an der Arbeit hat, obwohl sie schon auch ganz schön ausgekocht sind, wenn es darum geht, mir ein schlechtes Gewissen zu machen: »Du-u, ich will heut nicht in den Kindergarten. Ich will lieber bei dir bleiben!« Gepaart mit dicken Krokodilstränen und engen Umklammerungen funktioniert dieser Trick meiner Jüngsten (manchmal) noch heute.

Doch ich weiß genau, ich liebe meine Familie, und ich liebe meinen Beruf und kann meine Liebe durchaus gleichrangig verteilen. Ich habe festgestellt, dass ich heute als Mutter viel kreativer, engagierter und energiegeladener bin als noch zu Single-Zeiten oder als »Nur-Ehefrau«. Aber jede Frau sollte selbst entscheiden, wie sie ihr Leben mit Kindern gestalten möchte. Es gibt Mütter, die ganz in der Erziehung ihres Nachwuchses aufgehen. Vor diesen Frauen und auch ganz besonders vor allen Alleinerziehenden (Frauen wie Männern) ziehe ich voller Respekt den Hut: Sie haben Zeit für Ehrenämter, können stundenlang Märchen erzählen oder wunderbar Marmelade einkochen.

Wenn die Betreuung der Kinder optimal geregelt ist (meinen Eltern sei Dank, und natürlich meinem Mann), dann darf sich die Mami durchaus auch mal mit anderen Dingen beschäftigen als mit Küche und Kindererziehung. Die Entscheidung, Kinder zu bekommen, ist mir sehr leicht gefallen. Der Wunsch schlummert sicherlich in fast jeder Frau, nur unterdrücken ihn manche ganz konsequent und werden dann bisweilen wehmütig oder gar traurig, wenn sie glückliche Mütter mit quirligen Kindern auf dem Spielplatz sehen. Das wollte ich mir ersparen. Mein Mann ist zudem äußerst kinderlieb, und so ganz »ohne« hätte er sich sein Leben wohl nie vorstellen können.

Heute bin ich wirklich froh darüber, wie es jetzt läuft, auch wenn ich manchmal stöhne, weil mir Abgabetermine schwer im Nacken sitzen. »Du willst es ja nicht anders«, ist dann der einzige Kommentar meiner besseren Hälfte, und die Großeltern sind besorgt, weil ich mal wieder etwas übernächtigt aus der Wäsche gucke. Ein halbes Jahr nach der Geburt meiner zweiten Tochter habe ich mich neben dem Journalismus noch dem Lesen von Bilanzen gewidmet und mich mit den »Geheimnissen erfolgreicher Public Relations« beschäftigt. Ich habe quasi erst, als die Kinder da waren, »Karriere« gemacht – und heute arbeite ich als Journalistin, Pressefotografin, Referentin für Öffentlichkeitsarbeit und als Lektorin. Meine Mädchen haben mich vieles gelehrt, das mir im Beruf sehr von Nutzen ist: Organisieren und eiserne Disziplin, das Aufbringen von Geduld und das Schließen von Kompromissen sind da nur einige der Fähigkeiten, die mir spontan einfallen. Eine Mutter muss mindestens tausend Sachen zusätzlich und möglichst sieben Dinge gleichzeitig erledigen können. Und diese Qualifikationen bringt sie ganz automatisch in ihren Beruf mit ein, da sie ihr durch die täglichen Anforderungen »in Fleisch und Blut übergegangen sind«. Kinder brauchen zufriedene Mütter – und ich zähle mich stolz dazu. Trotz Kindergeschrei, chaotischer Wohnung und Bergen von ungebügelter Wäsche im Schlafzimmer möchte ich mit keiner Frau tauschen, die für die berufliche Karriere freiwillig auf Kinder verzichtet. Mit dem richtigen Mann an der Seite und etwas Flexibilität kann man die nämlich auch mit einem Kinder-Doppelpack im Schlepptau noch machen.

Meiner ehemaligen Interviewpartnerin und jetzigen Co-Autorin Sylvia Rothblum, die inzwischen zu einer hochgeschätzten Freundin geworden ist, verdanken wir die Idee zu diesem Buch. Uns beiden war durch viele eigene Erlebnisse klar geworden, dass es zahlreiche Frauen in ähnlicher Situation gibt: die ihren Job lieben, aber gleichzeitig ihrer Familie gerecht werden wollen. Die durch die Kindererziehung ungeahnte Fähigkeiten entwickelt haben, die manch ein Mann erst mühsam in teuren Seminaren (und auch da nur im Schnellverfahren) erlernen kann, vorausgesetzt, er lernt überhaupt etwas dabei.

Frauen sind in der Lage, sowohl ihrer Rolle in der Familie gerecht zu werden, als auch, parallel dazu, einen erfolgreichen beruflichen Weg einzuschlagen. Unsere Interviewpartnerinnen für dieses Buch, darunter viele prominente Mütter, zeigen, welche ungeahnten Potenziale in jeder Frau stecken – man muss ihr nur die Chance geben, dies unter Beweis zu stellen! Dass Sie, verehrte Leserin, Ihr Potenzial erkennen und Wege finden, es für Ihre Karriere einzusetzen – genau das ist es, was ich Ihnen persönlich wünsche und gemeinsam mit Sylvia Rothblum vermitteln will. Deshalb hat es riesigen Spaß gemacht, dieses für uns, aber sicher auch für viele andere Frauen so wichtige und spannende Thema zu bearbeiten.

Chancen ergreifen!

Jede Frau hat ihre eigene Biografie, und jede Frau könnte ein solches Kapitel schreiben. Und jede berufstätige Frau mit Kindern wäre in der Lage, einen Beitrag zur These »Mütter sind die besseren Manager« zu leisten. Ich tue es, weil ich mein Ziel erreicht habe: Ich bin Mutter, ich bin Managerin, und ich bin Frau geblieben.

In zwei Punkten – die meinen beruflichen Werdegang stark beeinflusst und vorangetrieben haben – unterscheidet sich meine Biografie von der der meisten anderen Frauen. Maßgeblich hat mich geprägt, dass ich ohne Mutter aufgewachsen bin. Ich war erst fünf und mein Bruder sieben Jahre alt, als wir unsere Mutter verloren. Natürlich war das eine ganz schlimme Erfahrung, und ich habe sehr unter diesem Verlust gelitten. Aber die Tatsache, ohne ein mütterliches Vorbild aufgewachsen zu sein, hat mir auch die Chance eröffnet, unbelastet meinen Weg zu gehen und mir frei von Wünschen und Erwartungen ein eigenes Bild von mir als Frau und Mutter zu kreieren. Diese Freiheit macht mir heute vieles leichter, denn ein schlechtes Gewissen, dem mütterlichen Vorbild nicht zu entsprechen, gibt es für mich nicht. Und wenn ich – wie das jede beruflich engagierte Mutter zur Genüge erlebt – offen oder verdeckt mit der

Frage konfrontiert werde, ob ich denn auch genügend Zeit und Aufmerksamkeit für meine Kinder übrig habe, dann kann ich das für mich ganz entspannt beantworten: Es hat mir nicht geschadet, ganz ohne Mutter aufzuwachsen, oder anders ausgedrückt, meine Kinder haben trotz meiner Berufstätigkeit naturgemäß wesentlich mehr von mir, als ich von meiner Mutter jemals hatte.

Sicherlich gab es auch in meiner Kindheit und Jugend weibliche Identifikationsfiguren wie Großmutter, Tanten und Kindermädchen, aber keine war so prägend und einflussreich, wie eine Mutter es hätte sein können. Normalerweise misst sich ein Mädchen immer an der Mutter – ob sie diese nun als Vorbild akzeptiert, dem sie nacheifert, oder ob sie ihr ablehnend gegenübersteht und ganz bewusst einen anderen Weg einschlägt.

Die Person, an der ich mir als Kind und als Jugendliche immer ein Beispiel genommen habe, war mein Vater, eine sehr starke und vor allem leistungsorientierte Persönlichkeit. Er, der in meiner Kindheit und Jugend bereits relativ alt war, favorisierte das traditionelle Rollenmodell, demzufolge eine Frau in erster Linie heiraten und Kinder bekommen soll. Zwar darf sie schon beruflich erfolgreich sein, um unabhängig zu bleiben, ihre gesellschaftliche Anerkennung erfährt sie jedoch nur durch ihren Ehemann und die Kinder. Dieses von einem Mann gezeichnete Bild blieb für mich immer nur eins – nämlich graue Theorie, denn was ich tagtäglich zu Hause vorgelebt bekam, waren männliche Verhaltensmuster und Leistungsorientiertheit.

Ein zweiter Punkt, der meine Biografie von manch anderer unterscheidet, ist, dass ich bis zu meinem 18. Lebensjahr in fünf verschiedenen Ländern gelebt habe: in Uruguay, Brasilien, Israel, Österreich und China. Als Holocaust-Überlebender konnte mein Vater das Gefühl der Heimatlosigkeit und ein unterschwelliges Gefühl, immer noch auf der Flucht zu sein, nie ganz überwinden. Er wollte, dass seine Kinder mindestens fünf Sprachen sprechen, die ihnen immer neue Horizonte eröffnen und ihre Flexibilität sichern sollten. Wer viele Sprachen spricht, kann an vielen Orten überleben. Da wir nie irgendwo lange gewohnt haben, blieb unsere Lebensweise immer unkonventionell, die Einstellung »wir haben es schließlich immer so gemacht« gab es bei uns einfach nicht. Wir mussten uns stets von Neuem anpassen. Auch heute noch setze ich nicht auf Patentlösungen, weder im Beruf noch im Familienleben. Und oft stellt sich heraus, dass der unkonventionellste Weg letztlich auch der beste ist.

Nach dem Abitur begann ich Sinologie zu studieren. Mit einem Stipendium in der Tasche, das mir einen einjährigen Studienaufenthalt in China ermöglichte, setzte ich meine Wanderschaft fort. Kurz vor meinem 23. Geburtstag schloss ich mein Sinologie-Studium mit der Promotion ab.

Mein 22. Geburtstag versetzte meinen Vater in erhöhte Alarmbereitschaft. Zwar war der Studienabschluss fast geschafft und er entsprechend stolz auf mich, ein Ehemann aber weit und breit nicht in Sicht. Da er nicht mehr der Jüngste und auch nicht gesund war, wollte er mich versorgt und unter der Haube wissen.

Das Schicksal war meinem Vater wohlgesonnen: In Wien traf ich einen Freund aus Kindertagen wieder, der sich quasi auf dem Sprung nach New York befand, wo er einen Job angenommen hatte. Dieser Freund hegte die Hoffnung, in den USA nicht nur eine viel versprechende Karriere zu starten, sondern vielleicht auch ein nettes jüdisches Mädchen kennen zu lernen. Wir verliebten uns, und da er das nette jüdische Mädchen nun bereits in Wien gefunden hatte, heirateten wir nach kurzer Zeit.

In New York gestaltete sich meine Jobsuche wesentlich schwieriger, als ich es je angenommen hätte. Ich war völlig demoralisiert, denn obwohl ich immerhin eine Promotion vorweisen konnte, kam stets als erste Frage: »Can you type?« Schließlich hatte ich doch noch Glück und fand Arbeit im Bereich Marketing-Management in New Yorks größtem Übersetzungsbüro. Bereits damals hatte mir meine Chefin ganz richtig prophezeit, dass ein reiner Schreibtisch-Job wohl nicht ganz das Richtige für mich sei.

Als ich nun endlich meinen Platz im Berufsleben gefunden hatte, traf mich die schönste und aufregendste Überraschung: Ich war schwanger.

Da diese Schwangerschaft nicht ohne Komplikationen verlief und um mir den täglichen Weg nach Manhattan zu ersparen, kündigte ich meinen Job, blieb zu Hause – und gründete dort meine eigene Firma. Schnell war der Keller zu einem Übersetzerbüro umfunktioniert, und zusammen mit anderen Müttern aus aller Welt, die ebenfalls »zu Hause waren«, bildete ich ein Netzwerk und lieferte für Gesuche an die amerikanische Einwanderungsbehörde Dokumentenübersetzungen aus den verschiedensten Sprachen. Ich brachte ein gesundes Mädchen zur Welt, und die Geschäfte liefen gut, ja, mein Unternehmen war sogar sehr lukrativ. Da erhielt mein Mann ein attraktives Jobangebot aus München, und da wir ohnehin schon länger vorhatten, nach Europa zurückzukehren, nahm mein Mann das Angebot an. Für meine Firma kam mit dem Umzug das Aus.

In München saß ich nun die meiste Zeit mit dem Baby allein zu Hause, denn mein Mann hatte einen stressigen Beraterjob und wenig Zeit für uns. Ich genoss mein Dasein als »Vollzeit-Mama« und wartete auf das zweite Kind – drei Jahre lang vergeblich. Nach all der Zeit, die ich zufrieden mit meinem Kind und ganz beschäftigt mit der Erziehung zugebracht hatte, schlich sich Unzufriedenheit ein. Erst unmerklich, dann immer spürbarer. Mit einem Wort, allmählich fiel mir die Decke auf den Kopf, und ich verspürte den Wunsch, wieder arbeiten zu gehen!

Aber ich war auch selbst verwöhnt: Das Dasein als Hausfrau und Mutter garantiert immerhin eine flexible Zeiteinteilung und viele Freiheiten, die man nicht so leicht aufgibt. Ich hatte so hohe Erwartungen an einen neuen Job, dass niemand – ich am allerwenigsten – daran geglaubt hatte, dass diese zu realisieren seien.

Was keiner für möglich gehalten hatte, traf ein. Genau diesen Job habe ich gefunden. Ich las per Zufall eine Anzeige der damaligen Kirch-Gruppe (heute KirchMedia), in der ein Marktanalytiker gesucht wurde, und schickte schnell eine Bewerbung los, die – wie ich später erfahren habe – durch ihre unkonventionelle Art (ich habe sie auf Englisch verfasst) ins Auge fiel. Meine Sprachkenntnisse haben dann den Ausschlag gegeben, dass man sich für mich entschied.

Die Arbeitswelt hatte mich wieder. Ich startete mit großem Elan, einer zuverlässigen und liebevollen Kinderbetreuerin und einem Ehemann, der mich bei meinem Neueinstieg voll unterstützte. Und während in unserem Freundeskreis die Wetten liefen, wie lange ich diese Aktion durchhalten würde, stürzte ich in ein wahres Wechselbad der Gefühle. Einerseits war ich selbst überrascht, wie viel Spaß es mir machte, wieder außer Haus zu arbeiten, andererseits war ich frustriert darüber, so eingerostet zu sein, wenn es um für mich neue Dinge ging, die andere anscheinend mühelos beherrschten: beispielsweise den Computer, mit dem ich manchmal ernsthafte Probleme hatte. Die Angst, es nicht zu schaffen, und der Trotz, ich schaffe es doch, wechselten sich mehrmals täglich ab. Bis ich erkannte, dass die Fähigkeiten, die ich mir in meinem Leben als Mutter erworben hatte – nämlich Belastbarkeit, kluges Zeitmanagement und vieles andere mehr, worauf in diesem Buch noch oft eingegangen wird –, genau das war, was ich jetzt brauchte, um mich schnell wieder ins Berufsleben einzufinden und es sogar erfolgreicher als vorher zu gestalten. Und technische Probleme lösen sich sowieso mit zunehmender Routine.

Bereits nach eineinhalb Jahren wurde mir ein Abteilungsleiterposten in Aussicht gestellt. Ich hatte alles erreicht, was ich mir erträumt hatte, war erfüllte Mutter einer süßen Tochter – den Wunsch nach einem zweiten Kind hatte ich inzwischen begraben – und stand am Anfang einer tollen Karriere. Doch plötzlich schien mein Körper zu streiken: Mir wurde ständig übel, und ich dachte an alle möglichen Krankheiten, nur nicht an das Naheliegende. Erst nach drei Tests und einem Arztbesuch hatte ich es endlich begriffen: Ich war wieder schwanger. Kurzfristig musste ich deshalb eine wichtige Messe absagen, und zu meiner Erleichterung rückte mir mein Chef den Kopf gerade, als ich ihm, mit schlechtem Gewissen, die Wahrheit gestand. »Es gibt schließlich wichtigere Dinge als die Arbeit«, lautete sein Kommentar.

Dennoch war mir klar, dass ich mit einem Baby und meiner siebenjährigen Tochter Evelyn nicht mehr so arbeiten konnte wie bisher.

Deshalb schlug ich meinem Arbeitgeber vor, ein Jahr lang zwei Tage im Büro und drei Tage zu Hause zu arbeiten. Mein Argument, jemand Neues bräuchte mindestens drei Jahre, um das gleiche Arbeitsniveau wie ich zu erreichen, überzeugte ihn. Erst zwei Jahre später habe ich die Firma verlassen, da ich erkannte, dass für mich als Mutter von zwei kleinen Kindern ein Fulltime-Job im Moment doch zu viel war. Ich arbeitete sechs Monate als freie Beraterin im Medienbereich, dann kam ein Angebot des Kinderfernseh-Senders Nickelodeon, der auf dem deutschen Markt Fuß fassen und mich als freie Mitarbeiterin wollte. Bereits kurz nach Sendestart war ich Programmdirektorin – mit einer Arbeitszeit von drei Tagen in der Woche, die ich in Düsseldorf, dem Senderstandort, verbringen musste. Eine solche Vereinbarung, die von Arbeitgebern normalerweise nicht gern getroffen wird, da sie Unruhe und Neid schafft, konnte ich damals nur durchsetzen, weil ich hoch gepokert habe. Es ging für mich ganz klar um ein Entweder-oder. Und ich verhandelte aus einer Position der Stärke, weil ich keine andere Wahl hatte. Natürlich muss man dann auch davon überzeugen können, dass man in drei Tagen so viel schafft, wie viele andere in fünf. Und man muss das Risiko eingehen, dass es nicht klappt.

Im Jahr 1997 akzeptierte ich das Angebot der Firma EM.TV, die vor ihrem Börsengang qualifizierte Mitarbeiter im Kinderprogrammbereich suchte. Nur mit Mühe konnte ich damals durchsetzen, lediglich vier Tage die Woche zu arbeiten. Meine Aufgabe war es, den Aufbau der Produktionsabteilung zu leiten. Der kometenhafte Aufstieg und die unglaubliche Entwicklung des Unternehmens EM.TV brachte immer mehr Arbeit und immer mehr Stress mit sich – und die Erkenntnis, dass ich den Wunsch, weniger zu arbeiten, begraben musste. In dieser Situation überrollten mich wieder einmal die Ereignisse: Nach dem Rücktritt eines Vorstandsmitglieds wurde mir angeboten, seinen Posten zu übernehmen. Und ehrlich zu sein: So eine Offerte konnte niemand ablehnen, nicht einmal ich, auch wenn damit die Fünf-Tage-Woche ein Muss und der Acht-Stunden-Tag eine Illusion geworden war. Durch den Börsenboom im

Jahr 2000, der uns alle mitriss, fiel mir die ungeheure Belastung nicht allzu schwer. Wieder ein Beweis dafür, dass man ungeahnte Energien entwickelt, wenn man etwas mit Leidenschaft betreibt. Dieses Hoch gestattete mir darüber hinaus, zusätzlich die Kraft und Geduld für meine Aufgaben zu Hause und als Mutter aufzubringen. Gerade in jener Zeit waren mir mein Mann und meine Schwiegermutter eine unentbehrliche Hilfe. Besonders die Oma hat meiner jüngeren Tochter Nicole, die erst acht Jahre alt war, immer die Liebe und Zeit gegeben, die sie brauchte. Auch meine Stiefmutter in Mailand, die sich seit Jahren hingebungsvoll um meinen kranken Vater kümmert, hat mir durch ihren Einsatz das berufliche Engagement erleichtert. Ohne all die familiäre Unterstützung wäre dieser Erfolg nicht möglich gewesen.

Der schnelle Aufstieg und der Absturz von EM.TV haben mir unglaubliche Erfahrungen gebracht, Erfahrungen in vielerlei Hinsicht. Natürlich konnte ich nicht immer die nötige Zeit und Gelassenheit für meine Familie aufbringen, doch wurde niemand ernstlich in Mitleidenschaft gezogen, denn es gab verschiedene Phasen: solche, in denen ich sehr wenig Zeit hatte, und solche, wie jetzt nach meinem Ausscheiden bei EM.TV, in denen ich viel zu Hause bin.

Wie schließt sich nun der Bogen zu diesem Buch? Auf einem Seminar der »Business and Professional Women e.V.« habe ich für meinen Workshop den Slogan »Mütter sind die besseren Manager« gewählt und bin damit auf starke Resonanz bei den Seminarteilnehmerinnen gestoßen. Das brachte mich auf die Idee, ein Buch zu diesem Thema zu schreiben. Und als ich nach einem Interview der Journalistin Petra Preis auch noch die ideale Partnerin für dieses Projekt gefunden hatte, stand der Realisierung des Buches nichts mehr im Wege. Und so beginnt hier und heute eine neue Phase in meinem Leben: diesmal als Buchautorin und Mama.

Kinder und Beruf - das perfekte Management-training

*D**ie größte Frage, die ich trotz
meines dreißigjährigen Studiums der weiblichen Seele
nicht zu beantworten vermag, lautet:
Was will eine Frau eigentlich?
Sigmund Freud*

Kinder oder Karriere? Mutter sein oder im Beruf stehen? Gehen wir doch einmal vom Maximum aus: Die Frauen wollen alles! Aber immer noch muss sich eine Frau entscheiden. Da hat sich in den vergangenen Jahrzehnten trotz Emanzipationsbewegung wenig geändert. Oder etwa doch? Immer mehr Frauen wollen beides. Und wir sind der Meinung, dass es möglich ist, Kinder und Karriere unter einen Hut zu bringen. Wenn eine Frau das wirklich will oder wenn sie es muss.

⚙ Das »Unternehmen Familie«

Wir sind überzeugt, dass die Aufgabe, einen Haushalt zu führen und Kinder zu erziehen, mindestens einer Tätigkeit im mittleren Management gleich-

kommt. Wo beispielsweise liegt der Unterschied zwischen der Organisation einer Geburtstagsparty für Vierjährige und der eines Events im Businessbereich? Es müssen der geeignete Termin gewählt, die Gästeliste erstellt, die passende Örtlichkeit gefunden, das Essen und die Getränke – respektive das Catering – organisiert, rechtzeitig Einladungen verschickt, Dekoration und Unterhaltung arrangiert werden. Einen gravierenden Unterschied gibt es allerdings, und zwar den, dass die Gäste einer Kindergeburtstagsparty wesentlich unberechenbarer sind. Denn Veranstaltungen für Erwachsene halten sich im Allgemeinen recht brav an das vorbereitete Programm, während Kinder eine wesentlich höhere Flexibilität fordern.

Und verrichtet eine Hausfrau, die das Familienbudget verantwortungsbewusst einteilt, nicht dieselbe Arbeit wie jemand, der für ein berufliches Projekt ein Budget erstellt und verwaltet?

So einleuchtend dies alles klingen mag, so neigen doch gerade Mütter, die sich eine berufliche Auszeit genommen haben, um sich der Kindererziehung und dem Haushalt zu widmen, dazu, sich selbst abzuwerten, sich als Nur-Mutter oder als Nur-Hausfrau zu bezeichnen. Sie sehen lediglich, was sie angeblich alles *nicht* können, und entwickeln keinerlei Gefühl dafür, was sie in dieser Phase alles dazulernen oder welche Fähigkeiten, die sie aus dem Berufsleben mitbringen, sie noch weiterentwickeln und vertiefen können.

Organisieren und Delegieren

Gehen wir zurück zu unserem Beispiel Organisation einer Kinderparty. Welche Qualifikationen und Kompetenzen braucht eine Mutter, um diese Aufgabe gut zu bewältigen – selbst wenn es sich nicht um einen Mega-Event für 40 Kindergartenkinder handelt? Sie muss vorausschauend planen, ihre finanziellen Möglichkeiten im Auge behalten, an die Erwartungen von Vierjährigen und nicht an die eigenen denken, sie sollte fantasievoll und kreativ sein, Arbeiten, die sie nicht allein bewältigen kann oder will, an Freundinnen oder andere Helferin-

nen delegieren, und last but not least flexibel auf unvorhergesehene Situationen während des Fests reagieren können. Und schließlich ist sie dafür verantwortlich, dass kein Streit unter den kleinen Gästen ausbricht; sollte es doch passieren, muss sie schlichten und die Kampfhähne trennen.

Was suchen die Unternehmen?

So weit, so gut. Werfen wir nun einen Blick auf die Stellenanzeigen in Tageszeitungen. Dabei kommt Erstaunliches zutage: Denn neben fachlicher Qualifikation, und die sollte selbstverständlich sein, erwartet man von Bewerbern soziale Kompetenzen wie Kommunikations- und Teamfähigkeit, Selbstorganisation, unternehmerisches Denken, Flexibilität. Und je höher eine Stelle dotiert ist, umso mehr wird vorausgesetzt.

Die Fähigkeiten, die Mütter in ihrer Familientätigkeit gewinnen, scheinen also genau die Kompetenzen zu sein, die Unternehmen so händeringend suchen. Warum kommen die beiden Seiten dann so schwer zusammen? Warum sind Mütter nach der Familienpause nicht die begehrtesten und meistumworbenen Mitarbeiter? Wir Frauen müssen uns da auch selbst an die Nase fassen. Keine »Hausmanagerin« käme jemals auf die Idee, ihre Fähigkeiten in so schöne Worte zu packen, wie man sie aus Stellenanzeigen kennt. Und welcher Frau ist tatsächlich bewusst, welch wertvolle

Kompetenzen sie im Haushalt und im Umgang mit ihren Kindern erwirbt? Dabei eignen sich Hausfrauen und Mütter diese Fähigkeiten durch effektives »Learning by Doing« an und nicht in theoretischen Kursen, deren Trainingserfolge oft eine sehr kurze Verfallszeit haben.

Soziale Kompetenzen

Apropos theoretische Kurse: Zahlreiche deutsche Firmen haben die Zeichen der Zeit begriffen und trainieren ihr Führungspersonal in Sachen soziale Kompetenzen. Sozialpraktikum lautet hier das Zauberwort. Das Programm »Switch« der Firma Siemens zählt beispielsweise dazu: Hier werden leitende Angestellte zweimal pro Jahr für eine Woche in die Bahnhofsmission, in die Psychiatrie oder zur Aids-Hilfe geschickt. Die »Praktikanten« sind begeistert davon, mal eine andere Seite kennen gelernt und neue Verhaltensmuster jenseits der gewohnten entwickelt zu haben, da sie auf völlig ungewohnte Situationen reagieren mussten.

Da lässt man einerseits Manager ein Sozialpraktikum machen, andererseits aber ist man blind für die Fähigkeiten, die Mütter einem Unternehmen zur Verfügung stellen könnten. Es ist doch nur ein winziger Schritt zur Erkenntnis, dass Mütter vieles schon können. Sie haben ihr Praktikum bereits absolviert, haben längst viele Situationen von der Pike auf zu meis-

tern gelernt, und ihre Erfahrungen beschränken sich nicht auf zwei Wochen sozialen Einsatz.

»Familienmanagement«

Der Volkswirtschaftsprofessor und Philosoph Birger P. Priddat bezeichnet in einem Beitrag für die »Die Zeit« vom 30. August 2001 Mütter als die heimlichen Kompetenzgewinner der modernen Wirtschaft und verpasst ihnen den Titel »Dowohalfi« (*double work, half income:* doppelte Arbeit, halbes Einkommen). Seiner Meinung nach sind moderne Familien in Wirklichkeit wie kleine Unternehmen, denen die Frauen als Geschäftsführerinnen vorstehen, ohne sich dessen bewusst zu sein. Und Männern fehle es im Vergleich zu Frauen an sozialen Kompetenzen, da sie diese nicht Tag für Tag üben. »Sie merken gar nicht, dass sie von den Geschäftsführerinnen der Familien-GmbH nicht mehr für kompetent erachtet werden, in dem Organisationszirkus Familie effektiv vorzukommen. Sie dürfen die Müllbeutel wegbringen, die Fahrräder der Kinder reparieren und am Sonnabend Großeinkäufe machen; sie sind, wenn es hoch kommt, kleine, gering qualifizierte Angestellte der Familien-GmbH.«

Das Argument vieler Unternehmen, eine längere Familienpause habe negative Auswirkungen auf fachliche Kompetenzen, ist natürlich berechtigt und nicht leicht zu entkräften. Fachwissen hat in der heutigen Zeit eine extrem kurze Verfallszeit. Aber dieses Wissen aufzuholen, ist eine Frage der Motivation, es werden genügend Kurse und Fortbildungen angeboten. Jede Frau, die den Ehrgeiz besitzt, sich trotz ihrer Kinder beruflich weiterzuentwickeln, wird ohnehin stets darauf achten, am Ball zu bleiben.

Wie Personalverantwortliche immer wieder betonen, genügt reines Fachwissen heutzutage nicht mehr, um den Arbeitsplatz zu sichern, geschweige denn, um Karriere zu machen. Neben dem harten Fachwissen stehen auf der Wunschliste von Personalchefs die »Soft Skills«, die sozialen Kompetenzen, immer öfter ganz oben. Und – wie bereits festgestellt – je höher die Position, desto mehr soziale Kompetenzen werden erwartet, egal, wie sie erworben wurden.

Die hohe Kunst der Erziehung

Was genau versteht man eigentlich unter sozialen Kompetenzen? Wir fanden dazu in der Studie »Familienkompetenzen als Potenzial einer innovativen Personalpolitik«, die vom Deutschen Jugendinstitut und der Katholischen Arbeitnehmerbewegung (KAB) Süddeutschlands herausgegeben wurde, Schlagworte wie Planung und Kontrolle, Förderung der Motivation, Übernahme von Verantwortung, Selbstmanagement, sozial-kommunikative Kompetenz, Konfliktlösungs- und Teamfähigkeit, Mitbestimmungs-

und Gestaltungskompetenz. Klingt das inzwischen nicht sehr vertraut? Gerade Mütter leisten bei der Erziehung des Nachwuchses und beim Führen des Haushalts – vorausgesetzt sie sind verantwortungsvoll und engagiert – genau das, auch wenn sie es selbst als banal empfinden mögen, anstatt dafür die im Berufsleben verwendeten Begriffe einzusetzen.

Selbstbewusstsein ist alles

Die logische Konsequenz: Kleiden Sie Ihre Fähigkeiten in die richtigen Worte: Allein schon dem Selbstbewusstsein zuliebe sollte man sich die Begriffe, die in der Businesswelt gebraucht werden, immer wieder bewusst machen. Und bei Bewerbungen und Vorstellungsgesprächen müssen sie als schlagende Argumente ins Feld geführt werden. Im Zweifelsfall können Sie dieses Buch zur moralischen Unterstützung mitnehmen. Und wer weiß, vielleicht kann Ihr zukünftiger Chef diesbezüglich sogar noch etwas dazulernen?

Wer die Familienphase bewusst für sich selbst nutzt und die eigene Entwicklung bei dieser Herausforderung kritisch beobachtet, kann nur gewinnen. Wir möchten Ihnen in diesem Zusammenhang auch empfehlen, sich die »Kompetenzbilanz« – ein Instrument zur Selbsteinschätzung der eigenen Kompetenzen – des Deutschen Jugendinstituts und der KAB einmal genau anzusehen.

Die »erotischste Frau Deutschlands«

Die Schauspielerin
Iris Berben

»Die wichtigste Person in meinem Leben ist und bleibt mein Sohn Oliver. Ohne ihn wäre ich als Schauspielerin nicht da, wo ich heute bin, und als Mensch sowieso nicht. Obwohl Oliver schon 30 Jahre alt ist, bleibt er für immer mein Kind, die Person, die mir am nächsten ist«, sagt Iris Berben, die »erotischste Frau Deutschlands«. Iris Berben steht heute aber nicht nur als erfolgreiche Schauspielerin ihre Frau, sondern mittlerweile auch als Unternehmerin. Sie besitzt gemeinsam mit ihrem Lebenspartner Gabriel Lewy sechs Lokale in München.

Die Tochter eines Gastronomen, die am 12. August 1950 in Detmold geboren wurde, war ein Scheidungskind. Sie besuchte mehrere Internate, musste aber die letzte Schule kurz vor dem Abitur verlassen, da sie sich schon damals nicht anpassen wollte. Sie erinnert sich: »Ich war ein sehr unruhiges, anstrengendes Kind. Ich war rebellisch und habe schon damals keine Regeln akzeptiert und alles hinterfragt.« Iris Berben war eine typische Vertreterin der 68er-Generation. Die Hamburger Protestszene hat sie damals sehr fasziniert, und ihr dortiges Engagement brachte ihr mit 18 auch ihre erste Filmrolle in Rudolf Thomes »Detektive« ein.

Mit 20 wurde sie schwanger. »Das war nicht geplant, aber ich habe mich unendlich darüber gefreut.« Den Vater ihres Sohnes hält sie bis heute geheim. »Das ist meine ganz private Angelegenheit, und ich spreche sehr ungern über mein Privatleben.« Dass der Vater damals nicht die Verantwortung für ein Kind übernehmen wollte, hat sie akzeptiert und respektiert. »Das Kind zu haben, war allein meine Entscheidung. Die Schwangerschaft, in der ich bis zum sechsten Monat gearbeitet habe, war die schönste Zeit meines Lebens, obwohl ich aus heutiger Sicht alles falsch gemacht habe. Ich habe mich nicht besonders gesund ernährt, keine Schwangerschaftsgymnastik und keine Atemübungen gemacht.« Oliver kam als gesunder Junge von 51 Zentimetern und dreieinhalb Kilo auf die Welt. Seine Geburt empfindet Iris Berben noch heute als ein Wunder.

20 Jahre alt, allein erziehend, ohne Geld und ohne Partner. Eine Situation, die manch andere Frau hätte resignieren lassen. Nicht aber Iris Berben. »Ich wollte aus Überzeugung kein Geld von meiner Familie annehmen. Es war eine sehr schwierige Zeit, es wurde damals finanziell oft sehr eng, aber gerade in solchen Situationen entwickle ich eine ungeheure Kraft und Disziplin.« Obwohl sie sich damals als Schauspielerin ihre Filme noch nicht aussuchen konnte, hat sie trotzdem nicht jedes Angebot akzeptiert. Sie hat lieber gekellnert oder im Krankenhaus gearbeitet. Sobald aber ein passendes Rollenangebot kam, wurde Oliver notfalls überallhin mitgenommen. Dazu war sehr viel Organisation und Ideenreichtum nötig, und das meiste Geld ging gleich wieder für die Kinderbetreuung weg.

Als Oliver drei Jahre alt war, begegnete Iris Berben ihrer großen Liebe, Gabriel Lewy, mit dem sie nach 27 Jahren immer noch zusammen ist. Nun gab es für Oliver ein richtiges Familienleben. »Heiraten war nie ein Thema für mich, vielleicht auch, weil ich die zwei gescheiterten Ehen meiner Mutter vor Augen habe und nicht unbedingt an solche Verträge glaube.«

Der große Erfolg kam für Iris Berben nicht gleich in jungen Jahren, sondern nach und nach. »Zwischen 35 und 50 erhielt ich die meisten und besten Angebote. Das Geheimnis des Erfolgs ist vielleicht, sich nicht zu satt zu fühlen, stets wach und authentisch zu bleiben. Ich habe versucht, mich nie zu verbiegen, um Sympathien zu gewinnen. Das war nicht immer leicht. Und gerade Frauen waren oft die schlimmsten Neider.« Als sie immer erfolgreicher wurde, blieb das schlechte Gewissen Oliver gegenüber nicht aus. »Ich habe mich oft gefragt, ob ich eine bessere Mutter wäre, wenn ich zu Hause bliebe. Für mich war die Antwort immer ganz klar: Nein.« Wie viele andere Mütter hatte sie die Angst, in wichtigen Momenten nicht da zu sein. Als sie mit Oliver kurz vor dessen Abitur über dieses Thema sprach, kam Entwarnung. Zu ihrer großen Freude sagte er: »Mami, wenn du bei mir bist, bist du zweihundert Prozent bei mir.« Iris Berben selbst wuchs weitgehend ohne Mutter auf, die kurz nach der Scheidung, als ihre Tochter zwölf Jahre alt war, nach Portugal zog. Trotzdem haben Mutter und Tochter bis heute ein inniges Verhältnis, und nach wie vor ist die Mutter für Iris Berben das größte Vorbild. Sie wurde von ihr nicht zuletzt auch darin be-stärkt, dass es nicht auf die Quantität, sondern auf die Qualität des Zusammenseins ankommt.

Aber nicht nur dem Kind gegenüber war es schwer, die Balance zu halten. Auch eine Beziehung, in der die Frau sehr prominent ist, gerät leicht aus dem Gleichgewicht. »Das erfordert besonders viel Einsatz, Intuition und Einfühlungsvermögen.«

Iris Berben hat immer von einem langen Tisch mit vielen Kin-dern, Eltern, Großeltern, interessanten Gesprächen und Disputen geträumt. Sie hätte gern noch mehr Kinder gehabt, aber nach zwei Fehlgeburten hat es nicht mehr geklappt. Dafür hat sie heute ihren Enkel Pascal, auf den sie sehr stolz ist und den sie am liebsten noch viel häufiger sehen würde. Sie hat auch keineswegs ein Problem damit, bereits Großmutter zu sein, ganz im Gegenteil, sie kokettiert sogar damit.

Wie alle Mütter, so hat auch Iris Berben sehr viel von ihrem Sohn gelernt. Das Wichtigste: Verantwortung zu übernehmen und Respekt vor anderen zu haben. In schweren Zeiten konnte sie immer Kraft aus ihrem Kind schöpfen. »Was kann mir schon passieren, ich habe immer noch meinen Sohn.« Im Verhältnis zu Oliver, bei seiner Erziehung, hat sie – wie sie es von ihrer eigenen Mutter gelernt hat – versucht, keine Tabus gelten zu lassen, offene Gespräche zu führen. »Man muss, gerade wenn man so erfolgreich ist, Kindern gegenüber auch Schwäche zeigen und Fehler zugeben. Als wir einmal über Drogen sprachen, habe ich Oliver gesagt, dass ich genau weiß, wovon ich rede.«

Auch Oliver hat versucht, sich von seiner Mutter abzugrenzen und eigene Wege zu gehen, auch ganz andere als die Mutter. Nachdem er Elektrotechnik sowie Luft- und Raumfahrttechnik studiert hatte, packte ihn doch noch die Leidenschaft zum Film. Iris Berben hat ihn gewarnt, dass es ein schwerer Weg sein und man ihn noch genauer beobachten und ungerechter beurteilen würde als andere. Heute arbeiten Mutter und Sohn erfolgreich zusammen, und das ist für Iris Berben natürlich eine ganz besondere Situation. »Oliver ist für mich ein Spiegel meiner selbst.« Besonders gern erinnert sie sich an ein kleines Erlebnis vor ein paar Jahren am New Yorker Flughafen. Als sie zusammen mit ihrem Sohn am Schalter stand, fragte der Beamte: »Sind sie das Ehepaar Berben?« Die Mutter schwebte auf Wolke sieben, und der Sohn war wieder einmal mehr als stolz auf seine schöne junge Mutter.

Iris Berben ist nicht nur eine der erfolgreichsten Schauspielerinnen Deutschlands, sie ist auch Unternehmerin. Gemeinsam mit ihrem Lebenspartner besitzt sie inzwischen sechs Lokale in München. Warum entscheidet sich eine Schauspielerin, in die Gastronomie zu gehen? »Mein erstes Lokal, das Café am Wiener Platz, habe ich vor 18 Jahren eröffnet, weil es damals kein Café gab, in dem man um 16 Uhr noch frühstücken konnte. In allen meinen Lokalen kann man, wenn es sein muss, bis um Mitternacht frühstücken«, erklärt die attraktive Schauspielerin. Auch das ist typisch Iris Berben, sich nicht einmal bei den Frühstückszeiten an die Konventionen zu halten. »Außerdem sollte mein Café ein Platz werden, wo eine Frau auch allein hingehen kann. Diese Idee wurde nicht aus einem Kalkül geboren, sondern aus Emotion und Intuition.«

Das Konzept für die Lokale von Iris Berben und Gabriel Lewy ist er-
wähnenswert. Sie wollen nicht wie bei einem Franchise-System immer
wieder das Gleiche aufziehen, sondern sie überlegen bei jedem neuen
Standort, was zum jeweiligen Stadtteil passt und wen man ansprechen
möchte. Erst dann wird eingerichtet und die Speisekarte kreiert.
Gerade bei der Menü-Auswahl redet Iris Berben, die selbst leidenschaftlich gern kocht, häufig mit. Das tägliche Management dagegen übernimmt Gabriel Lewy.

Iris Berben, eine Ikone des deutschen Films, hat vieles gemacht,
was »brave« Mädchen nicht machen sollen: Sie hat ein uneheliches
Kind ohne Vater, sie ist nicht verheiratet und lebt als Deutsche mit
einem Juden zusammen. Das kann uns noch Hoffnung machen,
dass man nicht unbedingt längst überholte gesellschaftliche Konventionen befolgen muss, um von der Öffentlichkeit geliebt und
respektiert zu werden – und um Erfolg zu haben. Iris Berben ist
sich selbst immer treu geblieben und hat still und leise große Zi-
vilcourage demonstriert, indem sie sich immer der deutschen Geschichte und der Verantwortung dafür gestellt hat. Erst in letzter
Zeit – »weil ich glaube, dass es jetzt besonders wichtig ist« –
versucht sie sich verstärkt mit ihrer Person und ihrer Popularität
für Toleranz und Menschlichkeit einzusetzen. So reiste sie beispielsweise gemeinsam mit ihrem Sohn durch Deutschland, um
aus dem Buch »Mama, was ist Auschwitz« von Annette Wieviorka
zu lesen. »Gerade, wenn man Kinder und Enkelkinder hat, wird
man noch nachdenklicher und hat mehr Verantwortung für sich
und die Gesellschaft«, erklärt Iris Berben ihren Einsatz.

Hat jemand, der anscheinend alles erreicht hat, noch Träume? »Ich
möchte bis 80 genauso wach, neugierig und unverschämt sein wie
meine Mutter. Ich möchte nicht bequem werden, sondern mich auf
neue Situationen freuen können, das gilt sowohl für mein Privat- als
auch für mein Berufsleben.« Wir können uns also noch auf mindestens 30 Jahre Iris Berben freuen!

Die Modeschöpferin
Powerfrau mit Kreativität und Disziplin
Gabriele Blachnik

Sie ist eine Designerin, die es geschafft hat, ihren unverwechselbaren Stil seit 21 Jahren erfolgreich in der Modebranche zu behaupten. Die gebürtige Würzburgerin Gabriele Blachnik präsentiert seit mehr als zwei Jahrzehnten ihre Prêt-à-porter- und Couture-Kollektionen und entwirft Outfits für Film- und Fernsehstars. Zu ihren Stammkundinnen gehören Schauspielerinnen wie Uschi Glas, Veronica Ferres, Susanne von Borsody, Michaela May, Johanna Liebeneiner – um nur einige zu nennen. Mit Charme, Humor und Können berät sie ihre Kundinnen im sehr persönlichen Ambiente in der Münchner Marstallstraße, in dem das Einkaufen zu einem besonderen Erlebnis wird. Neben der Leitung ihres Unternehmens schafft es Frau Blachnik, auch ihren Verpflichtungen als dreifache Mutter gerecht zu werden. »Mein geschäftlicher Erfolg ist mir genauso wichtig wie die Familie. Der Tag gehört dem Geschäft, das Wochenende und die Abende meinen Kindern. Damit bin ich bisher immer gut gefahren, und meine Söhne und meine Tochter haben auf diese Weise eine ausgeglichene und fröhliche Mutter.«
»Ich liebe und genieße die schönen Dinge des Lebens, dazu gehört die Mode natürlich unbedingt dazu! Es macht mir unheimlich viel Spaß,

mich auf andere Menschen einzustellen, deshalb ist es wirklich mein Traumberuf«, erzählt die erfolgreiche Modedesignerin. Sie ist bekannt für die Verarbeitung von edlen Stoffen, für Maßanfertigungen und perfekten Schnitt, weshalb ihre Couture zur absoluten Spitzenklasse gehört. Modebewusste Frauen aus ganz Deutschland wissen das zu schätzen. Seit 1996 bringt Gabriele Blachnik zweimal pro Jahr eine neue Prêt-à-porter heraus, die während der Modemessen in Düsseldorf und München von exklusiven Boutiquen in der ganzen Bundesrepublik geordert wird.

Den Weg zum eigenen Atelier verfolgte Gabriele Blachnik ganz konsequent: Schon als kleines Mädchen entdeckte sie ihre »große Lust auf Mode«. Sie absolvierte eine Schneiderlehre, danach folgten ein Praktikum und sechs Semester an der Meisterschule für Mode in München. Nach einjähriger Tätigkeit beim Modeschöpfer Rudolph Moshammer trug sich Gabriele Blachnik mit dem Gedanken, nach Spanien auszuwandern. »Doch dann kam mein erstes Kind, der Maximilian, zur Welt, und damit legte ich meine spanischen Träume auf Eis. Meine Familie und mein Beruf haben mich total ausgefüllt. Ich habe mich dann allerdings selbstständig gemacht und in meiner Wohnung ein eigenes Atelier eröffnet. Mein Sohn hat mir tatsächlich die Power dazu gegeben!«

Sich selbstständig zu machen, unabhängig zu sein – das wollte Gabriele Blachnik schon immer. Dass sie sich als junge Mutter trotzdem um ihre Karriere kümmerte, war für sie immer selbstverständlich: »Nur daheim zu bleiben und Windeln zu wechseln, das wäre nichts für mich gewesen«, schüttelt sie energisch den Kopf. Bei der Geburt des zweiten Sohnes, Nikolaus, vier Jahre später zog Gabriele Blachnik in ein größeres Atelier in Schwabing. »Mit dem ersten Kind entwarf ich meine erste eigene Kollektion und hatte anfangs drei Mitarbeiter, die mich unterstützten. Beim zweiten Kind waren es dann schon zehn. Und als meine Rosalie vor sieben Jahren zur Welt kam, eröffnete ich die Boutique in der Marstallstraße nahe der Maximilianstraße und vergrößerte mein Atelier auf 600 Quadratmeter. Heute arbeiten 30 engagierte Leute für mich, die meine Ideen

umsetzen und mit mir an einem Strang ziehen. Wir sind ein einge-
spieltes Team mit viel Kreativität«, erläutert Gabriele Blachnik ihren
Aufstieg in den »Himmel der Mode«. Ihr Ehemann, Jean Baptist
Doerr, ein Journalist, hat das berufliche Engagement seiner Frau immer verstanden – er ist ebenfalls selbstständig und viel unterwegs. Ihr
ältester Sohn ist inzwischen ausgebildeter Goldschmied und hat ihre
kreative Ader geerbt: Er schnuppert bereits in die Firma der Mutter hinein und besucht seit kurzem das St. Martin's College of Art
and Design in London, um sich weiterzubilden. »Nikolaus, mein
zweitältester Sohn, ist jetzt 18 und geht noch zur Schule. Und Rosalie, meine siebenjährige Tochter, ist inzwischen in der zweiten
Klasse. Vor allem sie findet meinen Beruf natürlich toll, ist völlig
begeistert von dem, was wir kreieren und trotz ihres Alters schon
sehr körperbewusst«, lobt die leidenschaftliche Mama.
Die Karriere direkt geplant hat Gabriele Blachnik nie: »Ich habe
erst mein Kind bekommen, dann mich voller Engagement und
parallel zu meiner Familientätigkeit in den Beruf gestürzt. Die
Karriere kam ganz automatisch, ich war da nie verbissen und
hatte sicherlich viel Glück in meinem Leben«, meint Blachnik
bescheiden. Da sie sehr kinderlieb ist, wollte sie auch immer eigenen Nachwuchs haben. »Ich habe mich über alle meine Kinder
gefreut! Meine Tochter kam zwar etwas überraschend – ich war
immerhin schon 40 bei ihrer Geburt. Rosalie hat unsere Familie
allerdings erst komplett gemacht, und ich genieße ihr Temperament und auch ihre Anhänglichkeit«, freut sich die Modeschöpferin. Die Betreuung der Kinder in ihrer Abwesenheit hat sie anfangs mit Kinder- und Au-pair-Mädchen gelöst, inzwischen nimmt
ihr eine Haushälterin die Alltagsarbeiten ab und ist auch tagsüber
für ihre kleine Tochter da. »Rosalie liebt ihre Klara über alles, und
ich bin da gar nicht eifersüchtig. Eifersucht finde ich grundsätzlich
albern. Denn wenn ich da bin, genießt sie es sehr, die Mama für sich
zu haben!«, verrät Frau Blachnik, die froh darüber ist, in einer Straße
mit vielen Kindern zu wohnen, damit Rosalie auch genügend Spielka-
meraden hat.

Nach dem ersten Kind hat die Münchnerin »alles lockerer gesehen und auch weniger gearbeitet als jetzt« – die Zahl der Mitarbeiter und die Aufträge waren noch überschaubarer als heute. Beim zweiten Kind sei dann allerdings »schon mal der Stress ausgebrochen«. Trotzdem ist die 47-Jährige stolz darauf, alles so gut unter einen Hut gebracht zu haben – »dabei war ich nie verbissen, sondern meine Arbeit hat mir immer Spaß gemacht!« Eine Tätigkeit als »Nur-Hausfrau« hätte sich die quirlige Dunkelhaarige nie vorstellen können. »Da wäre ich vor Langeweile eingegangen, und die Kinder hätten unter meinem Frust sicherlich leiden müssen. Ich wollte das machen und habe es auch durchgezogen, ganz einfach. Die finanzielle Unabhängigkeit war außerdem eine Antriebsfeder für mich«, erklärt sie ihre Karriere. Im Lauf der Jahre ist Gabriele Blachnik trotz des wachsenden Erfolgs immer auf dem Boden geblieben und hat nie »abgehoben«. Wenn sie den Satz »Erfolg ist schön« sagt, dann meint sie das ganz ehrlich. Ihre Modedefilees ernten regelmäßig großen Beifall, leider wissen die meisten nicht, wie viel Arbeit hinter solch einer erfolgreichen Schau steckt: Gabriele Blachnik bezeichnet sich als »super Teamworkerin«. Erfolge könnten nur gemeinsam erzielt werden, davon ist sie überzeugt. Als Kämpfertyp strebt sie immer nach Perfektion, Halbheiten gibt es bei ihr nicht, weder im Job noch in der Familie. Auch von ihren Mitarbeitern fordert sie diesen Einsatz, »denn ohne Ehrgeiz geht es einfach nicht, schließlich möchte ich alle meine Kunden zufrieden stellen. Sie sollen sich bei uns wohl fühlen, deshalb lege ich auch auf eine lockere und freundliche Atmosphäre ungeheuer großen Wert! Jeder Kunde ist eine Herausforderung, der ich mich stelle«, lautet Gabriele Blachniks Arbeitsmotto.

Ihre Kinder haben vor der Leistung ihrer Mutter großen Respekt. »Für sie ist es ganz angenehm, dass die Mama arbeitet. Ich hätte selbst auch Angst, dass sie mich nicht respektieren, wenn ich kein anderes Bestätigungsfeld als nur den Haushalt hätte! Jetzt fühle ich mich den Kindern gleichberechtigt und lebe ihnen eine gewisse Disziplin vor, die sie später unbedingt brauchen werden. Mein Tag ist streng strukturiert, ich setze Prioritäten und darf tatsächlich sagen, dass mich der Beruf diszipliniert hat! Morgens länger im Bett herumlümmeln, das kann ich mir unter der Woche gar nicht leisten«, sagt Gabriele Blachnik, die ihre Kinder sehr konsequent erzieht. »Meine Tochter wird nicht zur Schule kutschiert, wir gehen morgens immer zu Fuß. Bei jedem Wetter. Unzuverlässigkeit und Undiszipliniertheit sind absolut tabu, das weiß selbst Rosalie.« Zu Elternabenden geht Gabriele Blachnik wie jede andere Mutter auch. »Alltagssachen wie Arzttermine und Einkaufen nimmt mir meine Klara ab. Das haben wir prima organisiert, sodass ich beruhigt ins Geschäft fahren kann.«

Der Tag von Gabriele Blachnik beginnt um sieben Uhr morgens. Nach dem Frühstück verabschiedet sie ihre Tochter Rosalie in Richtung Schule und genießt dann ihre »heilige Stunde«: totale Entspannung im Bad. Um 9 Uhr fährt sie ins Geschäft, in den 30 Minuten, die sie unterwegs ist, legt sie sich ihre Termine zurecht und plant den Arbeitstag. Zwischen 9.30 und 18 Uhr »lege ich total los, arbeite sehr konzentriert«. Wenn sie heimkommt, kocht sie mit den Kindern, liest mit Rosalie oder hört eine Kassette an. »Wenn meine Tochter dann gegen 20 Uhr ins Bett geht, wurstle ich noch ein bisschen vor mich hin und krieche um 22 Uhr selbst in die Federn. Denn meinen Schlaf brauche ich unbedingt, sonst kann ich nicht kreativ sein.« Die Abende und die Wochenenden gehören komplett der Familie, dann wird gemeinsam relaxt. Einmal pro Woche geht Gabriele Blachnik zum Sport, hin und wieder auch mal ins Theater – »aber eigentlich ist die Familie mein Hobby, meine Leidenschaft«. Alle ihre Kinder sind schon früh sehr selbstständig und unabhängig gewesen. »Für meine Kinder war und bin ich immer ansprechbar. Durch meine Arbeit fällt es mir auch nicht so schwer, die Kinder loszulassen, wenn sie flügge werden«, schildert Gabriele Blachnik die Vorteile einer berufstätigen Mutter. Die Powerfrau schafft es, ihr Business mit Charme, Humor, Können und Unterstützung ihres Teams jeden Tag aufs Neue kreativ zu gestalten. Und die Kraft für ihren anstrengenden Beruf holt sie sich zweifellos aus der Geborgenheit ihrer Familie ...

Die Schauspielerin
Quoten-Queen mit Familiensinn
Uschi Glas

Sie gilt als Deutschlands Quoten-Queen auf dem Bildschirm und begeistert ein Millionenpublikum mit Serien wie »Polizeiinspektion 1«, »Unsere schönsten Jahre«, »Zwei Münchner in Hamburg«, »Anna Maria – eine Frau geht ihren Weg« oder »Sylvia – eine Klasse für sich«. An manchen Tagen übertraf die Zuschauerzahl einer Filmfolge mit Uschi Glas sogar die der Tagesschau. »Schon als Kind träumte ich davon, Schauspielerin zu werden. Meine Eltern waren mit diesem exotischen Beruf niemals einverstanden, aber später doch stolz auf meine Erfolge«, erzählt die 57-jährige beliebte Aktrice, die zugleich glückliche Ehefrau und Mutter von drei Kindern ist und es immer geschafft hat, Beruf und Familie erfolgreich zu verbinden.

Uschi Glas kam in Landau an der Isar als jüngstes von vier Kindern zur Welt. »Ich stamme aus einfachen Verhältnissen. Mein Vater war Kaufmann, und meine Mutter musste ihr Haushaltsgeld immer dreimal umdrehen, bevor sie es ausgab. Schon damals schwor ich mir, unabhängig von einem Mann zu sein! Mein Mann Bernd und ich haben uns die Eigenständigkeit und Unabhängigkeit bewahrt«, erzählt die Schauspielerin, die heute in Grünwald bei München lebt. Durch

einen glücklichen Zufall bekam sie 1965 eine Rolle in dem Spielfilm
»Der unheimliche Mönch« mit Karin Dor und Harald Leipnitz. Ihr
Entdecker Horst Wendlandt bot ihr nach Sichtung der ersten Muster
einen so genannten »Hollywood-Vertrag« an – zwei Jahre Ausbildung, fünf Jahre Option mit Rückzahlung. Sie nahm Schauspielun-
terricht, Tanz- und Gesangstunden und ging nach England, um ihre
Ausbildung zu vervollständigen. 1966 folgte mit »Winnetou und
das Halbblut Apanatschi« die erste Hauptrolle, auf die sie heute
noch häufig angesprochen wird. Ab dann ging es steil bergauf, und
1968 gelang Uschi Glas mit dem Spielfilm »Zur Sache Schätz-
chen« der große Durchbruch. Bis jetzt hat die beliebte Schauspielerin in 40 Spielfilmen mitgewirkt, für Theater und Fernsehen
gearbeitet.

Die gebürtige Niederbayerin hat ihren Wunsch, Schauspielerin
zu werden, trotz der Widerstände im Elternhaus realisiert. »Mit
Disziplin und dem Vorsatz, wenn ich mir nichts schenke, werde
ich schon Erfolg haben, bin ich meine Karriere zielstrebig ange-
gangen. Sicherlich gab es auch bei mir Höhen und Tiefen. Aber
zehn Jahre war ich richtig gut im Geschäft, habe Filme gemacht,
Theater gespielt und mich schauspielerisch so richtig austoben
können«, freut sich Uschi Glas im Rückblick. 1998 wurde sie für
ihre herausragenden schauspielerischen Leistungen mit dem
Bundesverdienstkreuz, dem Bayerischen Verdienstorden und dem
Ehrenkreuz für Wissenschaft und Kunst ausgezeichnet, und außerdem stehen viele weitere Auszeichnungen, vom »Bambi« bis
zur »Goldenen Kamera«, in ihrem Regal.

Der 30. Geburtstag war für die Schauspielerin, die sich ihre Rollen
inzwischen aussuchen konnte, der Wendepunkt in ihrem Leben.
»Ich habe mir damals viele Gedanken gemacht, wie meine Zukunft
aussehen könnte. Ich war erfolgreich im Beruf, allerdings sehnte ich
mich nach einer eigenen Familie. Nur, wann ist der richtige Zeitpunkt dafür? Meine Überlegung war, erst erfolgreich im Beruf und
damit unabhängig zu sein und sich zu beweisen, dass man es selbst geschafft hat – und dann erst eine Familie zu gründen. Ich lernte bald

darauf meinen heutigen Ehemann Bernd Tewaag kennen. Schnell wurde mir klar, dass unsere Beziehung von Ernsthaftigkeit geprägt ist. Zwei Jahre später kam dann mein erster Sohn, der Benjamin, auf die Welt.« Dass Uschi Glas zum damaligen Zeitpunkt nicht verheiratet war, war ein Schock für ihre Umwelt – für sie überhaupt nicht! »Eine Hochzeit fanden wir nie wichtig.«

Die Entscheidung für das Kind traf die Schauspielerin aus voller Überzeugung und ganz bewusst. »Ich stand damals am Scheideweg. Ich hatte in Deutschland alles erreicht und hätte die Möglichkeit gehabt, in Paris, London und Los Angeles zu drehen. Ich hätte von vorn anfangen müssen. Das wäre absolut reizvoll gewesen, aber der Wunsch nach einer Familie war stärker. Heute bin ich sehr froh, dass ich mich so entschieden habe – denn meine Kinder bedeuten mir alles!« Uschi Glas hat nach der Geburt des ersten Sohnes ein Jahr Pause gemacht und nur »reduziert« gedreht. Dank guter Organisation hat sie es geschafft, jeder ihrer Rollen gerecht zu werden. »Ich hatte bei Benjamin zweieinhalb Jahre lang ein gutes Kindermädchen. Dann kam Marianne, die ein absoluter Glücksfall für mich und meine Familie ist. Sie ist für meine Kinder eine zweite Mami, unterstützt mich absolut partnerschaftlich, und uns verbindet eine große Freundschaft«, schwärmt die Münchner Schauspielerin. Ob Dreharbeiten oder Theaterproben – dank Marianne ist für die Kinder immer eine Ansprechpartnerin zu Hause, sie sind nie allein. »Das war mir absolut wichtig und gibt mir Kraft bei der Arbeit. Als sechs Jahre später Alexander zur Welt kam, wurde mein Leben noch ausgefüllter durch die Kinder. Vormittags, wenn Benni in der Schule war, habe ich Alexander abgeknuddelt. Nachmittags war Benni die Hauptperson«, schildert die 57-Jährige ihren familiären Alltag. Die Kinder sind immer behütet aufgewachsen, »ich bin eine richtige Glucke, aber eine liebevolle«, lacht sie.

Im Jahr 1981, im siebten Monat mit dem zweiten Kind schwanger, heiratet Uschi Glas ihren Bernd, »hauptsächlich der Kinder wegen, da mein Mann keinerlei Vaterrechte gehabt hätte, sollte mir was passieren«.

Vor 15 Jahren machte Tochter Julia das Familienglück komplett. »Ich hatte gerade einen Vertragsabschluss. Schon bei der Unterschrift hatte ich ein komisches Gefühl und ahnte, dass ich schwanger war. Ich hatte mir immer ein drittes Kind gewünscht und war überglücklich, dass ich es mit 42 noch bekam. Dass ich dafür den Vertrag wieder absagen musste, schmerzte mich deshalb weniger.« Mit dem Alter hatte Uschi Glas im Gegensatz zu anderen nie Probleme. »Das kann man sowieso nicht ändern. Wieso sollte ich mich ständig jünger machen wollen? Solche Schwindeleien haben manchmal sehr kurze Beine, man muss ständig nachrechnen, was man wem gesagt hat. Das kann peinlich werden, deshalb habe ich das gar nicht erst angefangen. Ich genieße es, mit meinen Söhnen in die Disco zu gehen. Diesen Jugendwahn, den es gerade in meinem Beruf gibt, finde ich widerlich. Die Frauen stehen da mehr unter Druck als die Männer«, findet die Schauspielerin.

Ihre Kinder hat sie absichtlich in großen Abständen bekommen, denn sie wollte bewusst Zeit für jedes einzelne von ihnen haben. Dadurch hatte sie sozusagen drei Einzelkinder und für jedes von ihnen bis zur Einschulung viel Zeit. »Wir hatten immer schon ein offenes Haus, ständig wuselten irgendwelche Kinder durch die Räume. Jedes meiner Kinder hatte seine eigenen Freunde, die es immer mitbringen konnte. Da ich Kinder liebe, habe ich das immer genossen.« Auch in puncto Erziehung hat Uschi Glas Erfahrungen gemacht, die sie gern weitergibt. »Es muss nicht sein, dass man seine Kinder so erzieht, wie man selbst erzogen wurde. Ich stamme aus einem strengen Elternhaus, deshalb käme es mir nie in den Sinn, selbst auch so streng zu sein. Im Gegenteil, ich bin tolerant, vielleicht zu nachgiebig, lasse meinen Kindern viel Freiraum und sie früh Verantwortung für ihr Tun übernehmen. Aber ich pflege einen sehr freundschaftlichen Umgang mit ihnen, und das erreicht man auf keinen Fall mit Härte und Strenge.« Sohn Benjamin ist bereits in die Fußstapfen der erfolgreichen Mutter getreten. Der zweite Sohn, Alexander, macht bald Abitur. Auch Tochter Julia (15) hat bereits Filmluft schnuppern dürfen. Uschi Glas, die auch selbst Dreh-

buchideen entwickelt, hat ihren Sprössling in einen Film mit hineinge-
schrieben.

Uschi Glas möchte auch beruflich ihren Kindern ein Vorbild sein. »Sie
haben mitgekriegt, dass man auch auf steinigen Wegen zum Erfolg
gelangen kann. Mein Anliegen war es immer, den Kindern Werte und
Ideale zu vermitteln, sie zu lebenstüchtigen Menschen mit eigener
Persönlichkeit zu erziehen. Ich glaube, das haben mein Mann und
ich doch geschafft, was mich sehr froh macht«, unterstreicht sie
und gibt zu, auch heute noch ungern länger als ein paar Tage von
ihrer Familie getrennt zu sein. Sowohl Benjamin als auch Alexander und Julia hätten ein gutes Selbstbewusstsein und die Courage,
auch mal ihre Meinung zu vertreten. »Bei uns daheim gibt es keine verlogene Harmonie. Es herrscht Demokratie. Mein Mann
und ich sind keineswegs immer einer Meinung, aber jeder von uns
respektiert die Einstellung des anderen. Der ständige Dialog
miteinander belebt eine Partnerschaft, und bei uns wird es gewiss
nie langweilig!«, erzählt Uschi Glas lachend und fügt dann hinzu,
dass sie schon als Kind keine angepasste Jasagerin war.

Was sie durch die Kindererziehung gelernt hat? »Ich war schon
immer gut organisiert, aber auf alle Fälle habe ich meine Organisation optimiert. Ohne genaue Planung kriegt man als Mutter
nämlich nichts auf die Reihe. Kinder geben einem auch viel Kraft.
Ich hatte zwar schon immer regelrecht brodelndes Leben in mir,
aber durch die Kinder bekam ich noch mehr Power. Außerdem habe ich durch meine Kinder gelernt, so richtig zu relaxen. Ich kann
heute ohne schlechtes Gewissen faulenzen, Pizza aus dem Karton
essen und mir genüsslich einen Videofilm ›reinziehen‹. Das hätte
ich früher noch nicht gekonnt!«, erzählt Uschi Glas. Ihren Alltag
organisiert die Schauspielerin dennoch sehr diszipliniert. Wenn sie
nicht gerade drehen muss, gehört der Vormittag Telefonaten, Büro-
und Schreibarbeiten. »Wenn die Kinder mittags nach Hause kommen, bin ich meist fertig und habe Zeit für Gespräche mit ihnen.«
Als Hobby spielt sie etwas Golf (»mein Mann spielt leidenschaftlich«),
aber woher die Zeit nehmen? »Ich verbringe meine Freizeit sehr gern

mit den Kindern. Außerdem laufen wir im Winter gern Ski.« In freien Stunden engagiert sie sich außerdem ehrenamtlich für die Deutsche Hospiz Stiftung, deren Schirmherrin sie ist, für DKMS (Deutsche Knochenmarkspender), für »biss« (die Münchner Stadtzeitschrift für »Bürger in sozialen Schwierigkeiten«) und für den Deutschen Tierschutzbund. »Mein soziales Engagement ist mir sehr wichtig, ich möchte es aber nicht an die große Glocke hängen«, erklärt sie mir. Beruflich wünscht sie sich für die Zukunft »eine schöne Rolle in einem Kinofilm«, privat möchte sie mit Tochter Julia mal für ein halbes Jahr auf Weltreise gehen. »Vielleicht klappt das ja nach ihrem Abitur. Wir hoffen beide darauf!« Dass ihre Kinder den Beruf der Mutter als nichts Außergewöhnliches betrachten, bezeugt folgende Anekdote, die die Schauspielerin erzählt: »Ich habe Alexander am ersten Gymnasiumstag in die Schule gefahren und auch mittags brav wieder abgeholt. Als seine Mitschüler erkannten, dass seine Mutter die Uschi Glas ist, bildete sich schnell eine Traube um uns herum, und ich schrieb Autogramme. Als wir anschließend wieder im Auto saßen, meinte Alexander kopfschüttelnd, er würde diesen Zirkus ja verstehen, wenn ich Bon Jovi wäre – aber ich wäre doch nur seine Mam! Da hab ich schon lachen müssen«, erzählt die Schauspielerin.

Seit kurzem ist Uschi Glas auch Geschäftsfrau und managt ihre eigene Kosmetikserie. »Uschi Glas hautnah« ist eine hochwertige Kosmetiklinie für fast jeden Hauttyp und jedes Alter. Vom Fernsehsender »Home Shopping Europe«, der die Pflegeserie präsentiert und vertreibt, bekam Uschi Glas jede nur mögliche Unterstützung. »Von Marktumfragen über Beliebtheitsskalen wurde ich dort seziert wie ein Fisch. Schließlich ist es eine gewaltige Investition. Die Preise sind erschwinglich, schließlich gelangt die Ware direkt vom Hersteller zum Sender. Für mich war ungeheuer wichtig, dass diese Produkte erstklassig sind, schließlich tragen sie meinen Namen, und ich stehe dafür auch gerade!« Die Rolle als Geschäftsfrau und Managerin der eigenen Kosmetiklinie ist für Uschi Glas eine neue Erfahrung – »und zwar eine ganz faszinierende«, wie sie zugibt.

Mama, wann kommst du denn endlich?!

97 *Prozent aller Karrieremänner sind verheiratet und haben sogar überdurchschnittlich viele Kinder. Dagegen haben 40 Prozent aller Frauen, die Karriere machen, keine feste Partnerschaft und keine Kinder.*
Elke Müller-Mees, 1993

»Ein berufstätiger Mann hat die Frau im Rücken, eine berufstätige Frau die Familie im Nacken.« Als ich diesen Satz das erste Mal las, musste ich schmunzeln – habe aber zugleich zustimmend genickt. Es ist ja richtig, dass eine Mutter, die Berufstätigkeit und Karriere mit ihren Familienpflichten erfolgreich verbinden möchte, ganz schön unter Druck steht. Vor allem natürlich unter Zeitdruck! Aber irgendwie kriegen Mütter immer wieder alles auf die Reihe, auch wenn es mit hängender Zunge geschieht! Und Hektik bricht bei manchen Frauen auch dann aus, wenn sie sich *gegen* die Berufstätigkeit und *für* die Managementtätigkeit zu Hause entschieden haben. Denn nicht nur die Doppelbelastung macht berufstätigen Müttern das Leben schwer. Mehr noch leiden sie oft unter dem Druck, es allen recht machen zu müssen ...

Wehren Sie sich daher vor allem strikt gegen den »Gute-Mutter-Mythos«: Die besten Mütter sind jene, die auch mal an sich selbst denken, die Betreuung ihrer Kinder auch mal anderen überlassen und nicht ständig versuchen, irgendwelchen Supermutter-Vorbildern nachzueifern. Wer die Rolle der sich aufopfernden Märtyrerin spielt, tut seinem Kind keinen Gefallen: Also, Schluss mit den ständigen Schuldgefühlen! Ich weiß, das ist leichter gesagt als getan – vor allem, wenn kleine (und auch große!) Kinder ihrer Mutter, sobald sie sich außerhalb des Haushalts engagiert oder sich einmal pro Woche aufrafft, ins Fitnessstudio zu gehen, mit unerbittlicher

Regelmäßigkeit den Satz entgegenschleudern, der jedem Mutterherz einen Stich versetzt: »Mama, wann kommst du denn endlich?!« Da sind sie dann, diese nagenden Schuldgefühle, die jedes außerhäusliche Engagement überschatten. Was tue ich meinem Kind nur an? Kommt es in den zwei Stunden auch ohne mich zurecht? Eine Mutter, die leugnet, jemals solche Gedanken gehabt zu haben, schwindelt sich etwas vor.

✪ Ehrlich sein – zu sich selbst und zur Familie

Ein schlechtes Gewissen war noch nie ein guter Ratgeber. Auf der einen Seite zerren die Kinder und der Haushalt, auf der anderen die eigenen Interessen wie Sport, Ehrenamt, Frauengruppe oder vor allem eben der Job. Wenn man das zulässt, kostet es auf Dauer zu viel Kraft. Wichtig ist vor allem, der Familie zu sagen, was auf sie zukommt, wenn sich die Mutter entscheidet, nach der Babypause wieder zu arbeiten, ihren Horizont zu erweitern, einem besonderen Hobby oder einem anderen Engagement nachzugehen. Denn spätestens wenn die vierjährige Tochter mit großen Kulleraugen am Rockzipfel hängt und besorgt fragt: »Mami, du läufst uns aber nicht richtig weg, ja?«, heißt es, konsequent zu bleiben. Denn natürlich möchten Kinder ihre Mutter und ihren Vater am liebsten immer um sich haben. Doch wer ständig Gewehr bei

Fuß steht, tut weder sich noch den Kindern einen Gefallen. Spätestens dann nämlich, wenn die Mama tatsächlich mal einen wichtigen Termin hat, zu dem sie die Kinder unmöglich mitnehmen kann, oder gar ins Krankenhaus muss, haben Babysitter keine Chance mehr, das hysterische Kind ruhig zu stellen und einen geregelten Alltag zu garantieren.

✪ Mit Strategie den Alltag meistern

Wer Kinder hat und sich für eine »Vollzeittätigkeit im eigenen Managementbereich« (dem Haushalt) entschieden hat, der weiß, dass es viele Ereignisse im täglichen Zusammenleben mit den Kindern und dem Partner gibt, die zornig und hilflos zugleich machen.

Mir fällt hier Berit ein, die vergeblich versuchte, ihren Sohn Markus für Märchen zu begeistern: »Ich habe jeden Nachmittag eine Stunde dafür eingeplant, ihm aus dem Märchenbuch meiner eigenen Kindertage vorzulesen, um seine Fantasie anzuregen. Aber mein Sohnemann hat meine Bemühungen regelmäßig zunichte gemacht. Er zappelte nur herum, hörte überhaupt nicht zu und unterbrach mich ständig mit Fragen«, erzählte mir die 28-jährige Sozialpädagogin. Nach fünf vergeblichen Versuchen klappte sie das Buch entnervt zu und beschloss, die Sache mit der Märchenstunde zu vergessen.

Doch sie hatte nicht mit ihrem Fünfjährigen gerechnet: Der war nämlich nicht bereit, das Feld kampflos zu räumen. Er quengelte, heulte, weil Mama nun Ernst machte und ihm tatsächlich nichts mehr vorlas! Beide schalteten auf stur und waren beleidigt. »Es gibt wirklich Nachmittage, da bin ich so fertig und genervt, dass ich gar nichts mehr schaffe, obwohl sich die Bügelwäsche stapelt, ich noch Post erledigen oder eigentlich einkaufen müsste. Ich bin dann schockiert, dass ich mit meinem Sohn herumbrülle und er es immer wieder schafft, mich in Rage zu bringen. Wenn ich sage, dass ich in solchen Situationen regelmäßig Gewissenskonflikte kriege, weil ich denke, ich mache bei meinem Kind etwas falsch und bin obendrein noch eine miserable Hausfrau, dann ist das nicht gelogen.« Alle Mütter kennen den täglichen Zoff um Kleinigkeiten, der sich noch steigert, wenn beide Seiten ohnehin schon genervt sind. Mit ein bisschen Strategie lässt sich der Alltag aber viel besser meistern – ich spreche aus Erfahrung!

Mütter stellen immer wieder fest, dass sie ihrem eigenen überhöhten Anspruch nicht gewachsen sind. Dass ihre Kinder sie manchmal so sehr nerven, dass von ihrer Kraft nichts mehr übrig bleibt und sie nur noch ihre Ruhe haben möchten. Mütter können nicht ständig über ihre Kräfte hinaus für die Kinder da sein. Wenn sie die kindlichen Bedürfnisse wirklich ernst

nehmen wollen, funktioniert das nur, indem sie ihre eigenen dabei nicht ignorieren. Lassen Sie sich von Übermüttern, deren Gedanken einzig um den Nachwuchs kreisen, nicht verunsichern! Die Vorstellung, Kinder hätten immer Vorrang, ist nämlich gefährlich. Hier wären wir wieder bei den Stichworten »schlechtes Gewissen« und »Schuldgefühle«. Etwas mehr Abstand zum Kind und Zuwendung zu sich selbst sind notwendig, um zu einer unverkrampften Mutter-Kind-Beziehung zu finden.

Bewährte Tipps gegen den Haushaltsstress

✪ Wenn Sie das Gefühl haben, wie ein Hamster im Laufrad zu rennen und Ihnen alles über den Kopf wächst, dann ziehen Sie sich für eine gewisse Zeit zurück – und zwar, bevor der Geduldsfaden reißt! Machen Sie einen kleinen Spaziergang, pumpen Sie frische Luft in Lungen und Kopf und schöpfen Sie neue Kraft – und vor allem Gelassenheit. Ein Kaffeeklatsch mit der besten Freundin oder eine kleine Shoppingtour können da wahre Wunder wirken. Das setzt allerdings voraus, dass Sie für Ihre Kinder einen Babysitter haben, mit dem sich die Kleinen gut verstehen und es sogar genießen, auch mal mit einer anderen Person als mit der Mama Lego- oder Barbiepuppenhäuser zu bauen.

✪ Streichen Sie den Gedanken, dass eine gute Mutter *immer* für ihr Kind da sein muss, gleich aus ihrem Kopf. Eine Mutter braucht viel Selbstbewusstsein! Auch und besonders sich selbst gegenüber. Ein Kind verträgt es schon mal, wenn sie ihm klar sagen, dass sie momentan keine Zeit oder Lust haben, zum fünften Mal dieselbe Geschichte vorzulesen. Denn wer nur mit halbem Herzen bei der Sache ist, wird von den Kleinen schnell durchschaut. Und wenn das Kind dann auch noch zu quengeln beginnt, führt das ziemlich sicher zu Stress ...

✖ Machen Sie Ihrem Ärger auch mal spontan Luft! Das heißt ja nicht, dass man die Kinder in Grund und Boden brüllen muss. Ich kenne Mütter, die ihren Ärger beim Autofahren laut hinausbrüllen – zugegeben, das sollte man nur tun, wenn man allein im Wagen sitzt und nicht fünf Nachbarn entgegenkommen, die Ihnen dann zwangsläufig unterstellen, geisteskrank zu sein ... So ein Schrei zwischendurch verhindert, dass sich heimlicher Groll aufstaut, der sich dann irgendwann als Aggression gegenüber den Kindern entlädt. Und genau das ist es ja, was wir vermeiden wollen.

✖ Supermütter prahlen gern mit ihren ach so tollen Kindern. Hören Sie bei solchen Reden auf dem Spielplatz oder in der Schule gar nicht hin. Mütter mit kleinen Kindern stehen sowieso schon unter enormem »Erfolgsdruck« und sind ständig den so genannten guten Ratschlägen anderer ausgesetzt. Wehren Sie sich also gegen Besserwisser! Bei der Nachbarin ist auch nicht alles Gold, was glänzt.

✖ Machen Sie Ihrem Partner klar, dass auch er sein Scherflein zu einem harmonischen Familienleben beitragen muss, damit Sie als Mutter nicht jeden Abend total gerädert und mit den Nerven fertig sind. Der tägliche Kleinkrieg um chaotische Kinderzimmer, verschlampte Schulhefte, verloren gegangene Teddys oder permanentes Trödeln ist für manche Väter ein Buch mit sieben Siegeln: Den Alltag kriegen sie erst ab sieben Uhr abends mit, und da sind die Kinder schon viel zu erschöpft, um den Papa noch richtig ärgern zu können ... Manchmal sind die Mütter auch selbst schuld: Sie stellen an sich zu hohe Erwartungen, die nicht erfüllt werden können (die Kinder müssen nur Einser und Zweier aus der Schule heimbringen, täglich freudig das Zimmer aufräumen, nie streiten). Ein Mann, der täglich »an der Arbeitsfront außerhalb des trauten Heims steht«, sieht vieles lockerer. Papas sind übrigens durchaus dazu befähigt, den Nachwuchs mal selbstständig ins Bett zu bringen, für ein nahrhaftes Mittagessen zu sorgen oder die Hausaufgaben zu überprüfen. Sprechen Sie Ihrem Partner also nicht die Kompetenz in Erziehungsfragen ab! Das frustriert beide Seiten und trägt nicht gerade zur Harmonie bei.

⊗ Rezepte fürs Glücklichsein

Die Grundregel für ein erfülltes Leben als Familienmanagerin lautet: bewusst entspannen, ausreichend schlafen, etwas Sport treiben, wenig Alkohol trinken, Gelassenheit üben, sich vom Perfektionismus verabschieden – und das Leben genießen. Klingt ganz einfach, zumindest in der Theorie. Aber Mütter haben ja jeden Tag eine neue Chance, diese guten Vorsätze einzuüben!

Erfolgreiche Frauen, die zugleich Mütter sind, haben gelernt, eindeutige Prioritäten zu setzen: übernommene Aufgaben zuverlässig zu erledigen, auch in schwierigen Situationen und unter Zeitdruck zu handeln, mit Störungen am Arbeitsplatz konstruktiv umzugehen, eigene Stärken einzubringen, andere für gemeinsame Ziele und Aufgaben zu begeistern, selbstständig Informationen zu beschaffen und für sich und andere Ziele zu entwickeln – eine Mutter hat durch ihren aufreibenden Alltag, Haushalt und Kindererziehung, gelernt, sich in jeder Disziplin zur Meisterin zu entwickeln. Und das alles sind Fähigkeiten, die man bei einer späteren Berufstätigkeit erfolgreich einsetzen kann, um auf der Karriereleiter nach oben zu klettern.

»Eine Mutter muss eindeutig Prioritäten setzen können und Aufgaben delegieren. Tut sie das nicht, landet sie nach ein paar Jahren in der Klaps-mühle.« Dieser Ausspruch von Birgit, einer vierfachen Mutter, klingt zwar hart, doch es steckt viel Erfahrung darin, die dazu befähigt, das »Unternehmen Familie« erfolgreich zu leiten.

»Perfekte Zeitplanung reduziert den Stress«: Diese Erfolgsformel gegen Termindruck und Überlastung gilt nicht nur im Job, sondern auch in der Familie. Wer seinen Arbeitstag gut organisiert, erledigt Aufgaben schneller und besser und hat seine Tätigkeit optimal im Griff. Die Termine der Kinder drängen sich am Nachmittag derart zusammen, dass ihrer Mutter kaum Zeit zum Luftholen bleibt. Hier den Überblick über die Aktivitäten und Interessen der Sprösslinge nicht zu verlieren, grenzt fast schon an ein Wunder. Stress kann zwar beflügeln, aber zu viel davon setzt selbst der robustesten Frau zu. Meist wird dann auch noch ein Kind krank, der Babysitter sagt kurz vor einem wichtigen Termin ab, zwei Kollegen des Ehemanns wollen »spontan abends vorbeischauen«, oder die Nachbarin steht zum wiederholten Mal auf der Matte und bittet um einen Kuchen für den Altennachmittag in der Pfarrei – das sind dann die typischen Hochbelastungsphasen im Leben einer Mutter, die allerdings durch ein geschicktes Zeitmanagement enorm entschärft werden können.

Und: Wer die Arbeitsstunden bewusst plant, clever nutzt und unnötige Minutenkiller reduziert, wird gelassener, effektiver und erfolgreicher. Mann und Kinder werden es mit Wohlwollen und Freude zur Kenntnis nehmen ...

Den Tag einteilen

Um Zeit zu sparen, müssen wir erst mal etwas Zeit investieren. Es zahlt sich allerdings aus – in Minuten, Stunden, Tagen und vor allem in besseren Nerven. Der erste Schritt morgens (für manche ist es auch der letzte am Abend) sollte sein, den nächsten Tag schriftlich zu planen: Welche Termine stehen an? Was muss ich unbedingt erledigen, was hat noch etwas Zeit? Wie lang brauche ich wofür? Dabei müssen natürlich Prioritäten gesetzt werden. Besonders wichtige Aufgaben gehören ebenso wie Unerledigtes vom Vortag ganz oben auf die Liste. Und natürlich »ganz unangenehme Aufgaben«. Eine Devise von Uschi Glas, der beliebten Schauspielerin, ist es übrigens, morgens zuerst die Dinge zu erledigen, »die ich grauslich finde: eine Absage, einen unangenehmen Brief oder ein lästiges Telefongespräch«. Am Anfang ist es natürlich schwierig, sich gleich morgens vor allem den unliebsamen Aktionen zu widmen. Aber es beflügelt ungemein, wenn der Brief ans Finanzamt endlich vom Tisch und eine Abrechnung fertig ist oder die Fenster auf Hochglanz geputzt sind, was man schon so lang vor sich hergeschoben hat ... Die Liste wird Punkt für Punkt abgehakt. Damit verschafft man sich einen Überblick

und vergisst weniger. Auch erfolgreiche Vorstände arbeiten nach diesem System.

Zeitpuffer einkalkulieren

Wer sich den ganzen Tag mit Terminen und Aufgaben zupflastert, wird bald einsehen müssen, dass das nicht funktioniert. Erfahrene Führungskräfte rechnen etwa 30 bis 40 Prozent ihrer Arbeitszeit für Unvorhergesehenes ein. Und da Mütter zweifellos häufig als Manager fungieren, sollten sie es genauso halten: Finden Sie heraus, wie viele »Zeitpuffer« Sie realistisch brauchen, und nutzen Sie diese Reserven, um neue Ideen zu verwirklichen oder mal eine Aufgabe zwischendurch zu erledigen, die erst für nächste Woche eingeplant war. Das Glücksgefühl dabei werden Sie genießen! Wer ohne diese Zeitnischen arbeiten will, wird schnell von Frust gepackt. Denn es ist unmöglich, 20 Dinge an einem einzigen Tag erledigen zu wollen, wozu »normale« Menschen realistisch eine Woche brauchen.

Beobachten Sie auch Ihre Leistungskurve, und erledigen Sie Routinearbeiten dann, wenn Sie schon etwas weniger Energie haben (für viele Frauen ist das der frühe Nachmittag).

Nicht verzetteln – Ordnung halten

Chaos kann zwar beflügeln, und ich kenne selbst Situationen, in denen mir Unordnung nichts ausmacht und ein erdrückend voller Schreibtisch zu neuen Ideen verhilft (na ja, zumindest einmal pro Jahr kommt das vor). Aber es stimmt schon, dass Übersichtlichkeit und Ordnung wichtige Verbündete sind, wenn es darum geht, Dinge ohne Zeitverlust und lange Sucherei zu erledigen. Um auch rein optisch nicht den Durchblick zu verlieren: Arbeitsflächen möglichst freihalten, wichtige Unterlagen und Arbeitsmaterialien immer griffbereit postieren, wichtige Adressen und Telefonnummern speichern (damit sie schnell abrufbar sind), im Terminkalender unterschiedliche Farben für unterschiedliche Bereiche verwenden (beispielsweise jedem Kind eine andere Farbe zuordnen), Unterlagen immer sorgfältig archivieren, entweder elektronisch oder mittels Hängeregister. Wer dies nicht schafft und bald von Bergen ungelesener Zeitungsausschnitte oder Infomaterial umgeben ist, für den gibt es nur eins: wegwerfen, loslassen, ausmisten. 80 Prozent aller angehäuften Unterlagen braucht man später sowieso nie mehr, und was man leicht wieder besorgen kann, das darf auch in den Papierkorb wandern.

Routinierte Frauen und vor allem Mütter haben gelernt, immer eins nach dem anderen zu erledigen. »Sich nicht verzetteln« lautet ihre Devise. Wer neben dem Briefeschreiben noch telefoniert, beim Kochen Kreuzworträtsel löst oder seitenweise Vokabeln abfragt, ist nur mit halbem Herzen bei

der Sache. Und er macht leichter Fehler, weil er sich nicht auf eins konzentrieren kann.

Das Gehirn braucht für jeden Arbeitsbereich stets Einarbeitungszeit: deshalb besser fünf Briefe am Stück schreiben oder drei Telefonate hintereinander erledigen. Um Zeitfallen zu vermeiden, stellen Sie nicht eingeplante Tätigkeiten erstmal zurück, es sei denn, sie sind wirklich vordringlich. Dann heißt es, neue Prioritäten zu setzen.

Unsere Großmütter haben häufig den Speiseplan gleich für die gesamte Woche erstellt. Auch meine Mutter tut das (leider) und fällt regelmäßig fast in Ohnmacht, wenn sie mich um elf Uhr vormittags anruft und ich ihr nicht wie aus der Pistole geschossen antworten kann, was mittags auf dem Tisch stehen wird ... Ohne Rücksicht auf den mütterlichen Schock, den ich leider nicht verhindern kann, entscheide ich meist spontan, worüber sich meine Kinder nach der Rückkehr aus Kindergarten und Schule freuen dürfen. Eine gut gefüllte Kühltruhe ist hier mein bester Helfer ... Obwohl ich die nicht einmal so dringend bräuchte. Denn wenn es nach meinen Kindern ginge, kämen täglich Spaghetti, Pommes oder Fischstäbchen auf den Tisch. Gemüse? Igitt! Kartoffeln? Nur im Notfall! Fisch und Reis? »Mama, spinnst du?« Ich bin sicher, Sie kennen solche netten Sprüche auch. Da hilft der ausgeklügeltste Speiseplan nichts, obwohl ich ehrlicherweise zugeben muss, dass mit ein bisschen mehr Planung so lebenswichtige Dinge wie das Verköstigen des hungrigen Nachwuchses leichter von der Hand gehen würden ... Zumindest gäbe es dann keine Schrecksekunden, wenn ich mal wieder feststelle, dass die Milch ausgegangen und die letzte Tüte Spaghetti vergangenen Montag in den Kochtopf gewandert ist!

Sich Pausen gönnen

Um dauerhaft konzentriert arbeiten zu können (und um vor allem die Lust am Arbeiten nicht zu verlieren!), sollten Sie regelmäßig etwa alle zwei Stunden eine kurze Pause einlegen. Und wenn auch nur, um für ein paar Minuten die Füße hochzulegen, sich einen Kaffee zu gönnen oder die Schlagzeilen der Zeitung zu überfliegen.

Kurz vor Feierabend (Sie lesen richtig, auch eine Mutter hat so etwas!) sollte man den Tag Revue passieren lassen, sich seinen schriftlichen Tagesplan anschauen und das Timing mit den gesteckten Zielen vergleichen. Welche Aufgaben wurden nicht erledigt? Wo hat es gehakt? Was könnte ich morgen besser machen? Wer darüber nachdenkt, arbeitet bald effektiver, konzentrierter – und vor allem freudiger, weil er sein Pensum kennt.

Um die Termine der Kinder ohne Stress in den Griff zu bekommen, gibt es auch ganz bewährte Methoden: Überprüfen Sie beispielsweise, ob Sie eventuelle Fahrdienste mit Ihrem Zeitplan vereinbaren können – und zwar schon, bevor Sie den Sprössling zum Fußball, Tennis, Reiten oder Ballett anmelden. Ich kenne Mütter, die im Zweitberuf Chauffeur ihrer Kinder sind und an einem einzigen Nachmittag locker 50 bis 80 Kilometer schaffen. Halten Sie Ausschau nach anderen Müttern, mit denen Sie sich die Fahrdienste teilen können.

Es muss ja nicht unbedingt sein, dass Ihre Tochter bereits mit vier Jahren ihre erste Klavierstunde bekommt oder in der ersten Klasse dreimal wöchentlich zum Tennis abraucht! Immer mehr Kinder haben den Full-Time-Job eines Erwachsenen und drohen, unter der Last der Freizeitbeschäftigungen zusammenzubrechen. Falsch verstandenes Prestigebewusstsein ist für Kinder absolut schädlich.

Nutzen Sie Leerlauf-Zeiten zwischen zwei Terminen: Erledigen Sie etwa notwendige Einkäufe in der Nähe der Musikschule, oder bringen Sie die Post weg, während Sie auf dem Weg zum Kindergarten sind. Oft lohnt es sich kaum, nach Hause zurückzukehren, wenn man nach einer halben Stunde schon wieder aufbrechen muss.

Kunstszene und Familienleben

Die Kunstmanagerin
Judith Betzler

Mit einem Baby im Arm eine Kunstsammlung zu archivieren, das ist nicht die einzige ungewöhnliche Kombination, die für Judith Betzler, Inhaberin einer renommierten Agentur für Kunstmanagement, bezeichnend ist. »Schon als Studentin war ich kunstbegeistert. Damals habe ich ein neues Software-System entwickelt, mit dem Sammlungen archiviert werden können und das bis heute verwendet wird«, erinnert sich die attraktive Unternehmerin und allein erziehende Mutter von zwei Söhnen, Julius und Simon.

Kunst und Computer? Wer Judith Betzler und ihre Agentur für Kunstmanagement kennt, weiß, dass sie viel von Kunst versteht, aber man würde Kunst nicht unbedingt sofort mit Computertechnik in Zusammenhang bringen. »Doch, ich war in Mathematik immer schon sehr begabt und war zunächst unentschlossen, ob ich Mathematik oder Kunst studieren sollte.«

Judith Betzler, 1962 geboren, wuchs in einem intellektuellen Elternhaus auf: Die Mutter ist Ägyptologin, der Vater Geologe. Bereits als Kind hatte sie einen weiten Horizont, denn ihre Eltern führten ein sehr offenes Haus: Wissenschaftler aus aller Welt und viele Künstler verkehrten dort.

Bei der Studienwahl fielen die Würfel schließlich zugunsten der Kunst. Schon während des Studiums hat Judith Betzler Sammlern geholfen, ihre Kunstwerke zu ordnen und zu archivieren. »Sammler sind oft Unternehmer, die mit großer Leidenschaft, aber ohne System Kunst erwerben. Ich habe alles gesichtet und war nicht selten überrascht, welch wertvolle Objekte in den Lagerräumen versteckt waren«, erzählt die Kunstmanagerin.

Gleich nach dem Studium heiratete sie einen Fotografen und bekam ziemlich schnell hintereinander ihre beiden Kinder. Die Geburt ihrer Söhne war für Judith Betzler kein Grund, ihren Beruf aufzugeben. Ganz im Gegenteil: Wie bereits eingangs erwähnt, hat sie – notfalls eben mit dem Baby auf dem Arm – weiterhin für ihre Auftraggeber Sammlungen archiviert.

Im Jahr 1992 haben sich Judith Betzler und ihr Mann getrennt, und noch im selben Jahr gründete sie ihre Firma »Kunst Management Judith Betzler GmbH«. Weil die Kinder erst zwei und drei Jahre alt waren, wurde Judith Betzlers erstes Büro in der Etage unterhalb ihrer Wohnung in Schwabing einquartiert. »Ich habe mit meinem Studentenjob Karriere gemacht. Meine Agentur dient als Schnittstelle zwischen Kunst und Wirtschaft, wir erarbeiten und organisieren heute Kulturprojekte für Unternehmen«, erklärt Judith Betzler das Konzept ihrer Firma. Zusammen mit ihrem Team arbeitet sie Events, Ausstellungen oder Publikationen für Unternehmen im Kunst- und Kulturbereich aus. Im Februar 2000 übernahm die quirlige Unternehmerin zusätzlich für ein Jahr die Verantwortung als Chefredakteurin für die Konzeption und Implementierung des Internetportals vivian.com.

Trotz ihres unglaublichen beruflichen Engagements sind und bleiben die zwei Söhne das Wichtigste im Leben von Judith Betzler. Mit dem Vater der Kinder haben sie und die beiden Söhne bis heute ein sehr gutes Verhältnis. »Auch das war sehr harte Arbeit. Ich bin für meine Kinder Mutter und Vater in einem und muss teilweise die männliche Rolle mit übernehmen. Ich habe sehr viel Energie investiert, um in meiner komplizierten Situation die Familie geeint zu halten.

Meine Jungs sind aber nicht nur von Frauen umgeben. Sie haben glücklicherweise eine starke männliche Bezugsperson, ihren Opa.«

Wie sieht ein typischer Tag im Hause Betzler aus? »Um sieben Uhr stehen wir alle auf und frühstücken gemeinsam. Nachdem sich die Kinder auf den Weg in die Schule gemacht haben, ist zwischen acht und neun Uhr meine heilige Stunde, da darf mich niemand stören. Ich lese die Zeitungen und bereite mich auf den Tag vor. Um neun gehe ich ins Büro, das sich nach wie vor um die Ecke von meiner Wohnung befindet. Zum Mittagessen bin ich fast immer zu Hause bei den Kindern. Wir sprechen über den Schultag und die Hausaufgaben, auch das Nachmittagsprogramm wird durchorganisiert. Natürlich habe ich großes Glück, denn meine beiden Söhne sind prima Schüler. Spätestens um 19 Uhr versuche ich zu Hause zu sein. In meinem Beruf könnte ich jeden Abend ausgehen, aber ich versuche da sehr selektiv zu sein. Und wenn meine Anwesenheit auf einem Event sehr wichtig ist, bin ich dennoch spätestens um 23 Uhr wieder zu Hause an Bord!«

Judith Betzler schafft es, eine erfolgreiche Unternehmerin und eine gute Mutter zu sein. Aber auch ihr fällt nichts in den Schoß: Ein großes Glück für mich und meine Kinder ist mein Kindermädchen, das seit vielen Jahren zu unserer Familie gehört und den privaten Bereich managt. Es klappt nur, weil alles generalstabsmäßig organisiert ist. Für mich gibt es in der Organisation keinen Unterschied zwischen Privatem und Beruflichem. Jeder Termin der Kinder, alle Besorgungen müssen genauestens geplant und eingehalten werden. Alle haben Handys, und wir sind immer in Kontakt. Bei Kindern ist es sehr wichtig, dranzubleiben, sich für sie zu interessieren und ihre kleinen Probleme sehr ernst zu nehmen.« Als größte Herausforderung sieht die allein erziehende Mutter die Aufgabe, »die Nähe und Intensität zu den Kindern nicht zu verlieren«. Alle Schulferien verbringt Judith Betzler deshalb mit ihren Kindern.

Auf die obligate Frage nach dem schlechten Gewissen erklärt sie mir: »Das schlechte Gewissen bleibt manchmal nicht aus, obwohl wir alle wissen, dass ich arbeiten muss. Es gab Jahre, in denen das schlechte Gewissen mich fast zur Verzweiflung brachte, stressige Momente und eine tiefe Sehnsucht nach Ausstieg, gerade als die Kinder noch kleiner waren. Wenn ich zum Beispiel ins Büro hetzte und eine Mutter mit Kinderwagen auf dem Weg in den Park vorbeikam, dann war ich den Tränen nah. Mit ein wenig Flexibilität kann ich jedoch auch nachmittags zu Hause bei den Kindern sein, wie etwa vor kurzem, als einer meiner Söhne mit mir für eine Mathearbeit üben wollte.«

Seit neun Jahren ist die hübsche Powerfrau mit dem Schauspieler Axel Milberg zusammen. »Es ist nicht leicht, neben den Kindern und der Arbeit auch noch an einer Beziehung zu arbeiten. Wir sind eine moderne Patchwork-Familie mit allen Vor- und Nachteilen.«

Trotz ihres Engagements und ihrer Aktivitäten betont Judith Betzler: »Mein erster Job ist Mutter, die Verantwortung für meine Mäuse ist die größte Aufgabe in meinem Leben.« Aus dieser Verantwortung heraus hat sie für ihren Beruf großen Nutzen gezogen: »Ich habe gelernt, dass ich nicht alles allein machen kann. Meine Arbeitsweise hat sich verändert. Vor Jahren habe ich diszipliniertere Strukturen eingeführt, Meetings eingegrenzt, delegiert und Projektleiter eingeführt.«

Auf die Frage, ob sie lieber mit Frauen oder mit Männern zusammenarbeite, kommt eine ganz klare Antwort: »Ich arbeite wahnsinnig gern mit Frauen. Zurzeit sind alle meine Mitarbeiter Frauen, einige haben Kinder oder sind schwanger. In der Firma biete ich deshalb verschiedene Teilzeitmodelle an, nicht nur aus eigener Erfahrung, sondern auch, weil ich meine guten Mitarbeiter halten möchte. Ich hatte natürlich auch männliche Angestellte, mit denen ich sehr gut und sehr gern zusammenarbeitete.«

Die Kunden dagegen sind fast ausschließlich männlich, denn »Kunst ist Chefsache«, und Chefs sind meistens Männer. Damit hat Judith Betzler überhaupt kein Problem, ganz im Gegenteil. »Das Wichtigste bei solchen Meetings ist, gut oder gar besser zu sein als die anderen, aber trotzdem Frau zu bleiben. Bei sich zu bleiben, bedeutet für mich, sich nicht preiszugeben und auch unangenehme Situationen auszuhalten. Judith Betzler sitzt meist als einzige Frau in großen Männerrunden, und sie hat über viele Jahre gelernt, das als positive Bühne zu verstehen.

»Attraktivität kann auch von Nutzen sein – man kann es auch als Kompliment sehen, wenn beim Aufstehen auf die Beine geguckt wird.«

Natürlich war auch Judith Betzler gezwungen, Kompromisse einzugehen, und wie viele andere erfolgreiche Mütter musste sie wegen der Kinder auf einiges verzichten. Freie Zeit für sich selbst hatte sie nie im Übermaß, vor allem nicht in dem Jahr, in dem sie zusätzlich noch als Chefredakteurin von vivian.com arbeitete. Doch auch diesem Lebensabschnitt gewinnt Judith Betzler etwas Positives ab: Sie konnte mit einem großen Team ihre Managementerfahrung vertiefen und ihre sozialen Kompetenzen optimieren.

Judith Betzlers Kompetenz und Engagement finden große Anerkennung. So wurde sie als Kandidatin für ein politisches Amt gehandelt, doch obwohl diese Position sie sehr gereizt hätte, musste sie darauf verzichten. Grund für ihre Entscheidung war, dass sie viele Abendtermine hätte wahrnehmen müssen. Und das steht ihrem Anspruch entgegen, für ihre Söhne greifbar zu sein.

»Sogar bei auswärtigen Terminen innerhalb Deutschlands schaffe ich es, immer am gleichen Abend zurückzukommen.«

Judith Betzlers Söhne sind sehr stolz auf die erfolgreiche Mama. Und die Mama hat wiederum viel vom Nachwuchs gelernt. »Kinder sind wie ein Spiegel. Man sieht sich selbst. Aber was ich in erster Linie gelernt habe, ist zu verhandeln. Allerdings, mit dem schwierigsten Kunden kann man leichter verhandeln als mit heranwachsenden Kindern.«

Recht, Gesetz — und Familie

Die Juristin
Dr. Birgit Wimmer

»Ich hatte viel Glück bisher in meinem Leben.« Die zierliche Frau mit dem Pferdeschwanz bringt es ganz schlicht auf den Punkt, wenn sie auf ihren privaten und beruflichen Erfolg angesprochen wird. Doch mit Glück allein kann man keine tolle Karriere hinlegen. Und die hat die 45-Jährige ohne Zweifel geschafft: Sie ist Leiterin der Rechtsabteilung bei der LV 1871, einem Versicherungsunternehmen, dessen Wurzeln bis ins Jahr 1871 zurückreichen, worauf der Firmenname auch hinweist. Die Rechtsexpertin gehört diesem Unternehmen seit 1985 an und besitzt seit einem Jahr auch Prokura. In der Versicherungsbranche, die gerade in den oberen und obersten Führungsschichten nur von Männern geprägt ist, hat sie sich mit viel Fleiß und hoher Kompetenz ihre leitende Position erarbeitet. »Geschenkt wurde mir nichts, aber das wollte ich auch nie. Ich musste und durfte mir bisher alles erarbeiten, war noch nie eine Anhängerin von Frauenquoten oder Bevorzugung. Im Beruf sollte immer nur die Qualifikation zählen«, beschreibt sie ihre Überzeugung.

Geboren in Wien, kam Birgit Wimmer im Alter von einem Jahr mit ihrer Familie nach Kärnten. Fünf Jahre später zog man für zwei Jahre an die Mosel. »Meine Eltern waren beide Chemiker, die Umzüge erfolgten berufsbedingt. Wir wohnten dann noch zusammen acht Jahre in Salzgitter, bevor wir unseren Wohnsitz nach Süddeutschland verlegten, denn als ich 14 Jahre alt war, starb mein Vater ganz plötzlich. Das war für mich und meinen damals neun Jahre alten Bruder, aber auch ganz besonders für meine Mutter – nicht zuletzt wegen der nun allein auf ihr lastenden Verantwortung um die Versorgung der Familie – ein schwerer Schlag«, gesteht die 45-Jährige im Rückblick.

Um ihre Kinder finanziell über die Runden zu bringen, entschloss sich die Mutter von Birgit Wimmer, wieder ganztags arbeiten zu gehen. »Es war eine sehr harte Zeit für meine Mutter, nicht nur für uns Kinder. Meine Mutter war eine sehr emanzipierte Frau, und sie ist noch heute, obwohl sie schon lang tot ist, mein Vorbild in puncto Selbstständigkeit. Zwar musste meine Mutter viel arbeiten, erzielte aber als Chemikerin herausragende Leistungen. Wir Kinder waren natürlich sehr stolz auf sie! Und ich hatte nie den Eindruck, dass sie ihre Berufstätigkeit bedauerte, weil sie nicht ausschließlich für uns Kinder da sein konnte.« Einen Satz hat Mama Bühn ihrer Tochter mit auf den Lebensweg gegeben: »Stelle dich immer auf deine eigenen Beine!« Die Mutter selbst war stets dankbar für ihren hoch qualifizierten Beruf, dank dessen sie ihre Kinder nach dem frühen Tod des Ehemanns finanziell versorgen konnte. »Wir litten keine Entbehrungen in der Kindheit, auch seelisch nicht. Meine Eltern waren zwar streng, aber doch auch verständnisvoll und geduldig – sie haben mir gezeigt, dass tragfähige familiäre Beziehungen eine wichtige Basis für die Entwicklung von Kindern sind. Wenn Sie mich heute nach den Wurzeln fragen, wo ich meine Heimat habe, dann würde ich schlagartig Kärnten sagen, denn das war die eigentliche Heimat meiner Familie, dort liegen meine Eltern auch begraben, und ich fahre im Urlaub regelmäßig dorthin«, erzählt Birgit Wimmer.

Die letzten vier Schuljahre verbrachte die heutige »Teilzeitmünchnerin« (Arbeitsplatz in München, Wohnsitz in Augsburg) in einem Internat in Kaufbeuren. »Dort habe ich mich absolut wohl gefühlt!« Die vielen Umzüge in ihrer Kinder- und Jugendzeit haben sie insofern geprägt, als sie gelernt hat, ihr Herz nicht zu sehr an Menschen und Orte zu hängen. »Ich fühle mich da daheim, wo es mir gut geht. Die Schulwechsel haben mir viel abverlangt, ich musste ständig neue Freundschaften knüpfen, mich in eine fremde Klasse einfügen und dort zurechtfinden. Das prägt ein Mädchen, ganz gewiss«, sagt die heutige Juristin überzeugt. Ihr Bruder, ein erfolgreicher Geologe, ist beruflich viel auf Achse. »Auch er lernte früh, sich in der Fremde anzupassen. Flexibilität, die heute überall angepriesene Schlüsselqualifikation, lernte ich schon als Kind. Und das kam mir bisher auch im Beruf sehr zugute.«

Nach ihrem Jurastudium in Augsburg kam die promovierte Juristin 1985 beruflich nach München und trat schließlich noch im gleichen Jahr bei der LV 1871 ein, wo sie sich schnell wohl fühlte. »Meine Promotion half mir sicherlich beim Berufseinstieg. Ich mag meinen Beruf, klebe andererseits nicht am Job. Der Vorstand, allesamt übrigens Männer, hat mich immer gefördert. Ich habe ein großes Arbeitspensum zu erfüllen, aber das absolviere ich tatsächlich mit Leidenschaft und viel Spaß«, berichtet Birgit Wimmer, die für sieben Mitarbeiter unmittelbar verantwortlich ist. Natürlich gibt es auch hier wie überall Konflikte: »Aber ich halte Interessengegensätze zur Weiterentwicklung für notwendig, zu Konflikten werden sie erst dann, wenn sie nicht sachlich und fair ausgetragen und beendet werden. Selbst Konflikte lassen sich aber häufig noch zu einem sinnvollen Ergebnis bringen, wenn alle Beteiligten gemeinsam dazu beitragen. Und dies ist eben bei der LV 1871 – jedenfalls in meinem Umfeld – bisher immer noch der Fall gewesen«, stellt sie zufrieden fest.

Im Jahr 1989 hat sie ihren heutigen Mann, Peter, geheiratet, der eine Professur für »Personalwesen und Internationales Management« an der Fachhochschule Augsburg hat und mindestens ebenso stolz auf seine erfolgreiche Frau ist wie sie auf ihn.

Sohn Florian, heute zehn Jahre alt, war ein absolutes Wunschkind. »Ich habe mich bewusst für ein Kind entschieden. Mit 34 war ich zwar keine blutjunge Mutter mehr, aber es war für mich der richtige Zeitpunkt, um eine Familie zu gründen. Mit einem verständnisvollen und kinderlieben Mann an meiner Seite konnte da nichts schief gehen. Ich genieße es, ein Kind zu haben«, gesteht die leidenschaftliche Mutter. Ihr Arbeitgeber hat der hoch qualifizierten Mitarbeiterin ermöglicht, zehn Jahre lang in Teilzeit zu arbeiten, nach Absprache sogar von zu Hause aus. Vor zwei Jahren, als die Berufung auf die Leitungsstelle kam, hat Birgit Wimmer wieder eine Vollzeitstelle übernommen. »Meinem Sohn hat meine Berufstätigkeit zu mehr Selbstvertrauen verholfen, und außerdem hat er dadurch ein weiteres positives Vorbild, denke ich. Er muss sich jetzt um viele Dinge selbst kümmern, sieht aber gleichzeitig, dass Arbeit Spaß machen kann. Ich bin aber immer für ihn ansprechbar, kläre auch mal Schulaufgaben am Telefon mit ihm ab. Die Zeit am Abend gehört komplett ihm, und das genießen wir beide.«

Selbstbewusstsein, Geduld, Durchhaltevermögen, Einsatzbereitschaft, Organisation und Kommunikation – diese Qualifikationen hat Birgit Wimmer in der Familie gelernt. »Jede Mutter lernt durch die Erziehungsarbeit so vieles, was sie im Beruf weiterbringt. Ich kann durch das Leben mit Florian sicherlich besser überzeugen, Lösungen besser präsentieren, ausgleichen und gegen Widerstände bestimmte Ziele anstreben. Ein Kind stählt tatsächlich, aber im positiven Sinn. Das zeichnet Mütter sicherlich aus, und deshalb sind wir für Managementaufgaben auch sehr gut geeignet«, betont die erfolgreiche Abteilungsleiterin, die im gleichen Atemzug allerdings auch auf die vielen Männer verweist, die Familienarbeit leisten. »Ich finde es ganz prima, wie sich die Väter in und für die Familie engagieren. Ich denke, dass Mütter hier doch noch einen Vorsprung gegenüber kinderlosen Frauen haben.«

Ein schlechtes Gewissen? Nein, das hatte Birgit Wimmer noch nie. Die Frage kann sie eigentlich gar nicht verstehen: »Warum sollte eine Frau denn nicht berufstätig sein? Nur weil sie ein Kind hat? Meine Mutter hat mir vorgelebt, dass man allen Rollen gerecht werden kann, wenn man sich gut organisiert. Und auch mein Vater hatte trotz seiner berufsbedingten Abwesenheit von zu Hause jederzeit ein offenes Ohr für meine Anliegen.« Sie denkt kurz nach und formuliert dann weiter: »Nein, es ist nicht nur das Vorbild meiner Mutter. Ich habe aber vor allem auch deshalb kein schlechtes Gewissen, weil meine Berufstätigkeit nicht nur für mich allein Nutzen bringt. Ich denke, meine Arbeit hat positive Seiten für die ganze Familie – jedenfalls wenn man diese Seiten bewusst sehen will. Und außerdem bemühe ich mich sehr und auch ganz bewusst, den Interessen aller Beteiligten gerecht zu werden – was ja nicht heißt, dass ich immer persönlich verfügbar sein muss.« Die Interessen der Beteiligten hingen in den meisten Fällen außerdem gar nicht von ihrer unbeschränkten Anwesenheit ab. Es sei nicht unbedingt gut und auch nicht notwendig, dass eine Mutter immer sofort verfügbar sein muss. »Wenn jemand mich aber wirklich und konkret für irgendein Anliegen braucht, bin ich natürlich auch für ihn da«, bekräftigt die 45-Jährige.

»Aber Hausarbeit allein hat mich noch nie befriedigt, deshalb müssen bei uns alle Familienmitglieder bei häuslichen Arbeiten zusammenhelfen. Manchmal ist Improvisation gefragt, aber daran gewöhnt man sich. Meine ›Familienzeit‹ nutze ich so oft es geht, um mit Florian und Peter etwas zu unternehmen, oder einfach zusammenzusitzen und sich etwas zu erzählen. Da ich sehr gut abschalten kann, bin ich oft auf dem Heimweg vom Büro mit meinen Gedanken schon bei der Familie«, verrät Birgit Wimmer. Mit einem verschmitzten Lächeln gesteht sie, dass sie trotzdem hin und wieder auch zu Hause am Computer arbeitet – »weil es mir eben Spaß macht!« Wenn Ehemann und Sohn sie aber wirklich brauchen, »haben beide absoluten Vorrang.«

In ihrer knappen Freizeit macht die Juristin viel Sport, vor allem spielt sie Tennis, geht wandern und schwimmt. »Das kann man alles auch mit der Familie zusammen machen«. Ein weiteres Hobby ist die Gartenarbeit, ihre Blumen und Pflanzen hegen, Reisen machen, die Jahreszeiten er-spüren – das lässt das Herz der viel beschäftigten Juristin höher schlagen.

Was den Alltag mit Kindern leichter macht

Gibt sie ihre Kinder in die Kinderkrippe,
ist sie eine Rabenmutter.
Bleibt sie zu Hause,
verkommt sie hinter dem Kochtopf.

Nach dem Datenreport des Statistischen Bundesamtes 1997 stimmten 47 Prozent aller westdeutschen Frauen der Aussage zu, es sei für alle Beteiligten besser, wenn der Mann voll im Berufsleben steht und die Frau zu Hause bleibt, um sich um Haushalt und Kindererziehung zu kümmern. Eine Frage drängt sich angesichts dieser Zahlen allerdings auf: Für wen ist es tatsächlich besser, wenn Frauen nicht erwerbstätig sind? Für einen Großteil der Männer ist es außerordentlich bequem, dass sich viele Frauen bereitwillig in dieses Muster fügen und sich mit Freude in die Küche stellen. So müssen sie keinen Erziehungsurlaub einlegen, ihre Karriere ist nicht gefährdet und der Arbeitsmarkt um eine weibliche Konkurrentin entlastet. Dass Statistiken für alles herhalten

müssen, ist bekannt. Dass sie manchmal realitätsfern sind, natürlich auch. Denn gerade unter den jungen Frauen im »gebärfähigen Alter«, wie es so schön in der Amtssprache heißt, gibt es immer weniger, die sich mit einer häuslichen »Karriere« abfinden wollen. Die zwar gern Erziehungsurlaub nehmen, um die ersten Monate mit ihrem Sprössling bewusst genießen zu können, aber nach einer bestimmten Zeit wieder verstärkt nach externen Erfolgserlebnissen streben.

✖ Fähigkeiten geschickt einsetzen

Jede Frau sollte selbst entscheiden, wie sie ihr Leben mit Kindern gestalten möchte. Es gibt Mütter, die ganz in der Erziehung ihres Nachwuchses aufgehen, die einfach Spaß am Umgang mit kleinen Kindern haben. Andere können sich nicht vorstellen, ihren Beruf aufzugeben oder eine Berufspause einzulegen. Beide Einstellungen sind in Ordnung. Aber leider wird berufstätigen Müttern das Leben oft immer noch schwer gemacht: »Denkst du denn gar nicht an dein Kind? Warum hast du es überhaupt gekriegt, wenn jetzt eine Tagesmutter auf das Kleine aufpasst?«

Solche Fragen schmerzen und sind unfair. Denn meist werden sie von Leuten gestellt, die keinerlei Einblick in die jeweilige Familien- und Lebenssituation haben. Frauen müssen sich entscheiden, ob sie Kinder haben wollen oder nicht. Kinder oder Karriere – diese Frage muss sich allerdings nicht zwangsläufig stellen. Denn gerade Mütter sind absolut dazu befähigt, Karriere zu machen und in eine Führungsposition aufzusteigen – sie müssen nur lernen, ihre durch die Kinder erworbenen Fähigkeiten geschickt im Beruf einzusetzen. Beides miteinander zu vereinbaren ist durchaus möglich, allerdings müssen dazu auch die Männer umdenken und ihren Anteil im Haushalt und bei der Kindererziehung übernehmen. Leider denken einige Männer immer noch lieber »nach« als »um« und kommen daher immer noch zu dem Schluss, dass sie keinerlei Vorteile durchs Umdenken haben. Deshalb werden es Mütter auch kaum erleben, dass ihre Ehemänner sie von

sich aus dazu motivieren, doch wieder in den Beruf einzusteigen und ihre Qualitäten auch außer Haus unter Beweis zu stellen.

Da wir alle keine übermenschlichen Powerfrauen sind, die ein unerschöpfliches Reservoir an Arbeitskraft und Nerven besitzen, und auch gar nicht danach streben, solche zu werden, gibt es viele praktische Überlebenstipps, die das Leben einer berufstätigen Mutter leichter machen. Es handelt sich übrigens um bewährte Ratschläge, die trotz Kind grünes Licht zum Erfolg geben.

Delegieren Sie!

Doppelbelastung ist bei Ihnen an der Tagesordnung: Die Kleine klagt über Halsschmerzen, die Tage sind mal wieder viel zu kurz, um alle Verpflichtungen unter einen Hut zu kriegen, im Büro wartet man auf Sie. Eine Frau soll niemals versuchen zu beweisen, dass sie alles selbst machen kann – ein Mann übrigens auch nicht. Zum einen, weil es körperlich und seelisch gar nicht zu schaffen ist, und zweitens, warum sollte man es auch? Überlegen Sie realistisch, wie sich die Hausarbeit auf die ganze Familie verteilen lässt; dabei sollten die Kinder durchaus ihre eigenen Aufgabenbereiche haben, die sie selbstständig erledigen. Das stärkt ihr Selbstwertgefühl (»Mama traut mir das wirklich zu!«), fördert ihre Disziplin (die benötigen sie ohnehin sowohl in der Schule als auch später im Beruf) und bewahrt die Mama davor, irgendwann einmal völlig durchzudrehen (die Kids drücken das manchmal noch viel drastischer aus).

Netzwerke bilden – unerlässlich!

Klar ist es schwer, gut gelaunt und energiegeladen ein berufliches Projekt anzugehen, wenn man sich gerade mit dem zahnenden Kind eine furchtbare Nacht um die Ohren geschlagen hat. Aber darüber im Job zu lamentieren, bringt Ihnen mit Sicherheit nur mitleidige Blicke ein. Man erwartet von Ihnen, dass Sie souverän und bestens vorbereitet an ihre beruflichen Aufgaben herangehen. Reden Sie also nicht ständig über ewiges sich Aufopfern am Kinderbett, über unzuverlässige Tagesmütter oder sonstige Katastrophen – damit stößt man im Beruf nur auf Misstrauen. Denn welcher Mutter traut man die Kompetenz für ein wichtiges Projekt zu, wenn diese es nicht einmal schafft, ihre Kinderbetreuung hieb- und stichfest zu organisieren?!

Für arbeitende Mütter wird es immer Hürden geben, die sie geschickt überbrücken müssen: Ferien, Überstunden, Krankheiten und andere kleinere oder größere Alltagskatastrophen. Bitten Sie ruhig um Hilfe (allerdings nicht Kollegen, sondern lieber Nachbarn oder Freunde), und planen Sie rechtzeitig, wer Ihnen im Notfall zur Hand gehen könnte.

Klar, dass sich Gedanken an zu Hause nicht so einfach abstellen lassen. Vor allem, wenn das Kind am Morgen weinend an der Kostümjacke hing und Sie unbedingt zu einer wichtigen Konferenz mussten. Das sind die Herausforderungen, denen sich eine Mutter stellen muss – und mit der sie realistischerweise immer zu rechnen hat!

Von häuslichen Krisen sollte man im Kollegenkreis erst dann erzählen, wenn diese gemeistert sind. So bauen Sie sich das Image einer Frau auf, die fast spielerisch die Doppelbelastung hinkriegt. Wer ständig lamentiert, wird leicht auf die Schiene der »Mutti« geschoben, die besser daheim die Betten aufschütteln als sich um hochkarätige Projekte kümmern sollte. Ein professioneller Umgang mit Krisen signalisiert jedem Chef zudem, dass man noch besser organisieren kann, seit man ein Kind hat. Und dass dies auch tatsächlich stimmt, wissen wir Mütter ja schon längst.

»Glucken« ist out!

Dass Sie einem Kind das Leben geschenkt haben und es untrennbarer Bestandteil Ihres Daseins ist, wissen Sie und Ihr Partner nur zu gut. Dass Sie stolz auf Ihren Sohn sind, weil er endlich laufen gelernt hat oder schon wieder einen neuen Zahn aus seinem Kiefer hervorblitzen lässt, mag ja süß sein – für Kollegen ist es allerdings auf Dauer ermüdend. Vermeiden Sie also, ständig Fotos von Ihrem Nachwuchs zu präsentieren (manche pflastern sogar ihren Schreibtisch damit), das nervt Kollegen und drückt Ihnen den Stempel der »Über-Mama« auf, für die es keine anderen Themen mehr als Kindererziehung gibt. Plaudern Sie lieber mal mit den Kollegen über berufliche Ereignisse, rasen Sie nicht in jeder Mittagspause in den benachbarten Supermarkt, um auch ja keine Minute Zeit unnütz verstreichen zu lassen: Gerade in den Pausen oder bei Treffen nach Büroschluss werden oft wichtige Dinge besprochen. Wer gekündigt hat, wer aufsteigt, wer beim Chef momentan gar nicht gut angeschrieben ist, wer mit welchen Projektproblemen zu kämpfen hat und dass die Abteilung bald umstrukturiert wird. Peinlich, wenn Sie so relevante Dinge, die auch unweigerlich Ihren beruflichen Alltag betreffen, erst als Allerletzte erfahren. Womöglich erst übers schwarze Brett oder eine offizielle Information der Geschäftsleitung.

Realistische Zeitplangestaltung

Viele berufstätige Mütter in Führungspositionen haben ihren Tag so engmaschig geplant, dass sie nur mit hängender Zunge ihre Termine durchhecheln können. Sobald eine Panne passiert, bricht das System wie ein Kartenhaus zusammen. Um nicht ständig einen gehetzten Eindruck zu machen, sollten Sie sich Zeitpuffer im Job und Freiräume im Privatleben schaffen. Suchen Sie zum Beispiel

einen Kindergarten in der Nähe Ihres Büros aus, damit es kein Drama gibt, wenn Sie mal länger arbeiten müssen: Die Fahrzeiten reduzieren sich enorm, und Sie sind schneller zur Stelle. Wer ständig einen gestressten Eindruck macht, dem will man auch im Job nicht zu viel zumuten – verantwortungsvolle Tätigkeiten werden dann eben an andere vergeben ... Wenn die Betreuung Ihrer Kinder optimal geregelt ist, können Sie das nötige Selbstbewusstein aufbringen, um gegen Kritik von außen anzutreten. Keine Mutter muss sich ständig dafür rechtfertigen, wie sie ihre Berufstätigkeit mit der Erziehung der Kinder vereinbart!

Verabschieden Sie sich von der Perfektion!

Täglich die ganze Wohnung saugen, abends immer warm kochen, stets ein frisch gebügeltes Hemd für den Mann bereithalten und so ganz nebenbei noch 35 Pflanzen gießen müssen – das stresst sogar die robusteste Hausfrau! Warum muss ich mich jeden Tag mit einem neuen Kostüm präsentieren, das womöglich noch aus dem knitteranfälligen Stoff besteht, der gerade so in ist? Warum nicht abends eine kalte Platte statt eines warmen Essens, das überdies um diese Zeit den Magen stark belastet? Sie sind nicht perfekt – alle anderen übrigens auch nicht! Ihr Kind wird keinen Schaden nehmen, wenn Sie mal eine Pizza holen oder ihm seinen heiß geliebten

Hamburger bewilligen. Sehen Sie die Welt etwas lockerer, verbringen Sie Ihre Zeit nachmittags oder abends lieber mit Ihren Kindern und dem Partner anstatt am Herd oder am Bügelbrett zu stehen. Gehen Sie einem ausgleichenden Hobby nach, genießen Sie den Sonnenschein – und lassen Sie einfach mal die Seele baumeln. Sie werden sehen, wie viel neue Energie Ihnen das gibt!

Viele Frauen warten mit der Rückkehr in den Beruf, bis ihr Erziehungsurlaub vorbei ist. Andere drängt es gleich nach Ablauf des gesetzlichen Mutterschutzes wieder zurück in den Job. Ob Vollzeit- oder Teilzeitbeschäftigung, alles hat seine Vor- und Nachteile. Kurzfristig ist es vielleicht idealer, nur für wenige Stunden aus dem Blickfeld des Kindes zu verschwinden. Wer dies allerdings langfristig macht und nur an einer Teilzeitbeschäftigung und einer geregelten Arbeitszeit interessiert ist, dem kann es passieren, dass er seine berufliche Zukunft aus den Augen verliert. Denn qualifizierte Teilzeitarbeit ist nicht überall möglich und die Aufstiegschancen in derartigen Positionen fast so selten wie Schnee im Sommer. Die Vorteile einer reduzierten Erwerbstätigkeit – reibungslose Vereinbarkeit von Kinderbetreuung und Haushalt sowie mehr Spielraum für eigene Pläne in den freien Stunden – liegen natürlich auf der Hand. Wer beruflich am Ball bleiben will, sollte aber unbedingt Wei-

terbildungsangebote der Firma nutzen, auch mal andere flexiblere Arbeitsplatzmodelle ausprobieren und mehrtägige Seminare nicht ausschließen. In Zeiten von Jobsharing und Telearbeit dürfte es auch nicht gänzlich unmöglich sein, persönliche Wünsche mit Erfordernissen der Firma so zu vereinbaren, dass alle Seiten mit Spaß an die Herausforderungen des Alltags herangehen. Dass solche weitreichenden Entscheidungen natürlich nur in Absprache mit der Familie und nicht auf Kosten der Kinder getroffen werden, versteht sich für eine verantwortungsvolle Mutter eigentlich von selbst.

Der Nachwuchs: bestens betreut?

Nur Mütter, die ihre Kinder gut versorgt wissen, können konzentriert und erfolgreich ihren beruflichen Verpflichtungen nachgehen. Und nur wenn Sie am Arbeitsplatz voll und ganz bei der Sache waren, können Sie nach Büroschluss abschalten und sich der Familie widmen. Die richtige Kinderbetreuung während Ihrer Abwesenheit muss wohl überlegt sein: Wo bekommt mein Kind die besten Anregungen für seine Entwicklung? Wie liebevoll wird es versorgt? Kann ich mich auf die Betreuung hundertprozentig verlassen? Von den vielen Betreuungsmodellen möchten wir hier nur einige nennen: Optimal für alle Beteiligten ist es natürlich, wenn eine Oma in der Nähe ist und schon sehnsüchtig darauf wartet, ihren Enkel liebevoll umsorgen zu dürfen. Großeltern gehören zur Familie und werden von den Sprösslingen meist problemlos akzeptiert. Noch dazu ist diese Art der Betreuung kostengünstig, da die Großeltern fast immer zum Nulltarif »Gewehr bei Fuß« stehen. Sie unternehmen Ausflüge, marschieren mit zu Bastelnachmittagen in Kindergarten oder Schule, zum Spielekreis oder zum Fußballspielen. Aus Fairnessgründen sollten Oma und Opa allerdings niemals ausgenutzt und rechtzeitig von ihren Verpflichtungen entlastet werden, damit sie selbst noch genug Freiheiten haben.

Tagesmutter, Krippe, Au-pair oder Kinderfrau. Allgemein gültige Ratschläge helfen hier wenig, denn es muss individuell überlegt werden, was am besten für Ihr Kind und die jeweilige Familiensituation ist. Ein Au-pair kann für viele eine optimale Lösung sein, andere empfinden die ständige Präsenz eines anfangs fremden Menschen in der trauten Intimsphäre als sehr störend. Am besten, Sie informieren sich in der Nachbarschaft, bei befreundeten Müttern oder Nachbarschaftshilfen, in Kindergärten oder Pfarreien, welche Möglichkeiten existieren. Und bauen Sie sich langfristig ein perfektes Betreuungs-Netzwerk für Ihr Kind auf – damit Sie nicht in Panik geraten, wenn die Tagesmutter mal krank wird, die Krippe wegen Windpockenalarm schließt oder die Oma mit Hexenschuss im Bett liegt. Katastrophen haben es an sich, dass sie urplötzlich hereinbrechen und ausgeklügelte Strategien über den Haufen werfen. Deshalb wappnen Sie sich rechtzeitig, dann können Sie auf ein solches Ereignis mit einem Lächeln reagieren.

»Die Familie geht immer vor!«

Die Politikerin
Charlotte Knobloch

»Es ist besser, man hat einen Beruf – und wenn man Schuster ist.«
Diesen Ausspruch ihres Vaters Fritz Neuland hat die inzwischen
69-jährige Charlotte Knobloch noch heute im Ohr. Vielleicht hat sie
sich gerade deshalb so engagiert um die Erziehung ihrer drei Kinder, Bernd (49), Sonja (47) und Iris (37), gekümmert. »Ich war und
bin ein totaler Familienmensch. Meine Kinder haben eine intensive
Erziehung genossen, aber auch viel Liebe, Verständnis und Wärme. Ich versuche, das auch meinen sieben Enkelkindern angedei-
hen zu lassen«, erzählt die erfolgreiche Politikerin. Alle drei Kinder von Charlotte Knobloch sind in ihren jeweiligen Berufen als
Juristen und als Ärztin engagiert und erfolgreich. »Ich habe als
Mutter schon sehr darauf geschaut, dass sie eine ordentliche Ausbildung bekommen, gemäß dem Ausspruch meines Vaters!«
Charlotte Knobloch ist seit 1985 Präsidentin der Israelitischen Kultusgemeinde München und seit 1997 Vizepräsidentin des Zen-
tralrats der Juden in Deutschland. Beide Ämter fordern sie sehr, »geben aber auch viel zurück«, wie sie eingesteht. Ihr Vater war ihr Vor-
Vorgänger als Präsident der Israelitischen Kultusgemeinde München
und ihr »absolutes Vorbild«. Die Frage, ob sie sich zuerst gegen die

Männervorherrschaft durchsetzen musste, verneint sie sofort: »Ich habe mich zuerst gegen mein persönliches Vorurteil durchsetzen müssen, denn ich hatte nie die Absicht, Präsidentin der Gemeinschaft zu werden! Bei der Wahl wurde ich mit den meisten Stimmen gewählt. Ich war vorher ziemlich geschockt, dass man mich als Frau für so eine Position vorschlug. In unserer Religion ist die Frau mehr für das gemütliche Heim und die Erziehung bestimmt. Von daher musste ich gewisse Vorurteile mir selbst gegenüber abbauen«, schildert sie die damalige Situation.

Charlotte Knobloch ist eine Frau mit vielen Facetten: Da gibt es einmal die charismatische und in ganz Deutschland geschätzte Vizepräsidentin, die es geschafft hat, sich als einzige Frau in einem neunköpfigen Vorstandsgremium zu behaupten. Als Präsidentin der Israelitischen Kultusgemeinde freut sich die gebürtige Münchnerin natürlich besonders darüber, dass in der bayerischen Landeshauptstadt heute die zweitgrößte israelitische Kultusgemeinde in Deutschland existiert – nach Berlin und Frankfurt. Die Zahl der Gemeindemitglieder hat in der letzten Zeit ständig zugenommen, was Charlotte Knobloch natürlich besonders freut. »Ich wünsche mir, dass die Gemeinde heranwächst und so viele Mitglieder bekommt, wie vor der grausamen Hitler-Zeit«.

Mit Wärme in der Stimme spricht Frau Knobloch über ihre liebevolle Großmutter, über deren elegante Erscheinung oder die hochgesteckten Haare, die sie stets trug. Als die Transporte zur Deportation bereits liefen, kam 1942 aus der Gemeindeverwaltung ein Hinweis, dass nun jemand aus dieser Familie »dran sei«. Die Großmutter ging. Sohn und Enkeltochter sollten sie nie wiedersehen ...

Charlottes ansonsten harmonische Kindheit, in der die jüdische Tradition einen festen Platz hatte, wurde immer wieder durch Razzien, Leibesvisitationen auf der Straße und Kontrollen gestört. »Ich erinnere mich noch gut, als mein Vater mir bei einer Kontrolle auf der Straße zuflüsterte, ich solle weglaufen. Als ein Ehepaar mit Kinderwagen vorbeikam, wurde in der Sekunde der Kontrolle meine Hand genommen und ich einfach als ihr Kind mitgezogen. Dieses Paar hatte die Situation mit einem Blick erfasst. Es war das erste Mal, dass ich von Nichtjuden beschützt wurde«, erinnert sich die 69-Jährige. Das Überstehen dieser schlimmen Zeit und ihre Rettung bezeichnet sie noch immer als eine »Aneinanderreihung von Wundern«. 1945 kehrte Charlotte nach München zurück und traf hier erstmals ihren Vater wieder (»ich kam als Achtjährige zu einer katholischen Familie nach Mittelfranken, die mich versteckt hielt, und hatte die ganze Zeit über keinerlei Kontakt zum Vater, weil es viel zu gefährlich gewesen wäre«). Später besuchte sie die Handelsschule (»für den Start in eine gymnasiale Laufbahn war ich schon zu alt«) und arbeitete anschließend für das Bayerische Hilfswerk. Sie lernte Samuel Knobloch kennen, den sie 1951 heiratete. Auswanderungswünsche in die USA wurden durch die Geburt des ersten Kindes durchkreuzt.

Charlotte Knobloch ist ein Mensch, der an die Religion glaubt und daran, »dass ich damals wirklich einen Schutzengel hatte und die Gnade, die Möglichkeit, zu überleben. Ich wurde von Gestapo-Leuten in unserer Wohnung furchtbar geschlagen. Es ist ein Trauma, das ich bis heute nicht vergessen kann. Ich muss oft daran denken – auch als ich meine Kinder erzog, und jetzt, wo ich Enkelkinder habe«, erzählt die 69-Jährige. Gleichzeitig freut sie sich, über das Wichtigste in ihrem Leben berichten zu können: ihre Familie. »Kinder sind das Schönste, was eine Frau im Leben haben kann! Das Zusammenleben mit meinen Kindern, sie aufwachsen zu sehen, war die schönste Zeit in meinem Leben. Ich war auch froh, dass ich jung war, als meine Kinder zur Welt kamen – da ist man doch geduldiger als später.«

Die Kinder fanden es lustig, dass ihre Mama plötzlich so im Rampenlicht der Öffentlichkeit stand. »Mein Mann war ganz begeistert von meinem politischen Einsatz, und die ganze Familie stand hinter mir«, schmunzelt die Präsidentin. Mit ihrem Mann Samuel habe sie ein ganz traditionelles Haus geführt, das völlig von der Familie bestimmt war. Trotzdem bekam sie »täglich Gemeindearbeit mit«, in der ihr Vater bis zu seinem Tod 1969 stark engagiert war. Damals waren die Weichen noch nicht auf ein langfristiges, aktives Gemeindeleben ausgerichtet. Man betrachtete die jüdischen Gemeinden in Deutschland als Provisorien und betrieb daher auch noch nicht vehement den Wiederaufbau der zerstörten Einrichtungen. In der Gemeindepolitik aktiv zu werden, hatte Charlotte Knobloch nach dem Tod des Vaters aus familiären Gründen noch abgelehnt, aber sie widmete sich schon damals der Betreuung der älteren Gemeindemitglieder, war im jüdischen Frauenverein »Ruth« tätig und gehörte zu den Mitbegründerinnen der WIZO (Women's International Zionist Organization) in Deutschland. Seit dem Tod ihres Mannes 1990 setzt sie sich noch intensiver ehrenamtlich ein.

Ein typischer Arbeitstag dauert von 7 bis 23 Uhr. Während dieser Zeit widmet sie sich ihren Aufgaben in der Kultusgemeinde, nimmt Termine wahr, ist im Büro zu sprechen. Für die Kultusgemeinde in München sind 70 Mitarbeiter tätig, davon etwa zwei Drittel Frauen. »Jeder weiß, dass er mit Problemen immer zu mir kommen kann. Ich bin von den Menschen gewählt worden, also bin ich selbstverständlich auch immer für sie da. Manche Männer schütteln darüber zwar den Kopf, aber ich mag es nicht, überall die Chefin herauskehren zu müssen«, stellt Frau Knobloch klar.

Dass sie als Frau in diesem Amt auch Vorteile hat, gibt sie unumwunden zu. »Eine Frau tut sich leichter, Wärme auszustrahlen. Mit mütterlichem Instinkt ahnt man vieles schon im Voraus und kann offener mit den Mitarbeitern umgehen. Von den Kindern und deren Erziehung gelernt hat sie vor allem Respekt, Fürsorge, Geduld (»eine ganz wichtige Fähigkeit für Führungspositionen!«), Diskussionsfähigkeit und das Nachdenken über Entscheidungen. »Ich breche nichts übers Knie, zwinge niemandem den eigenen Willen auf. Demokratie hat für mich hohe Priorität.« Anderen Müttern gibt sie den Rat, trotz Berufstätigkeit immer die Familie in den Mittelpunkt zu stellen. »Kinder sollten ein Elternhaus haben, das Geborgenheit und Wärme gibt. Zeit für die Kinder sollte man auch als erfolgreiche Frau immer haben. Bei meiner Tochter, die als Ärztin arbeitet, sehe ich selbst, wie viel sie durch ihr berufliches Engagement bei den Kindern nicht mitkriegt. Vielleicht bin ich deshalb auch eine so fürsorgliche Großmutter? Das kann schon leicht sein, denn ich genieße es wirklich, das Leben meiner Enkel zumindest phasenweise mitleben zu dürfen«, so Frau Knobloch, die auch heute noch der Meinung ist, dass es ein ungeheurer Balanceakt ist, Karriere und Familie unter einen Hut zu bringen. Ihre freie Zeit und besonders die Wochenenden gehören der Familie, sofern keine anderweitigen wichtigen Verpflichtungen anstehen, denen sie nachgehen muss. Die sieben Enkel im Alter zwischen zwei und achtzehn Jahren wissen die Anteilnahme und Fürsorge der Großmutter sehr zu schätzen. Als weiteres »Hobby« nennt sie ihren vierbeinigen Begleiter, einen kleinen Hund aus dem Tierheim, der bei ihr eine neue Heimat gefunden hat.

Die erfolgreiche 69-Jährige kennt viele Frauen in gehobenen Positionen und ist auch eindeutig für die Emanzipation der Frau. »Früher wollte ich immer Reporterin werden. Leider hat mir da der Krieg einen Strich durch die Rechnung gemacht, aber ich glaube, eine Frau kann in jeder Position ihre Stärken und Fähigkeiten einbringen. Man darf seine Erfolge nur nicht wie auf dem Silbertablett vor sich hertragen. Wir Frauen haben schon viel erreicht, gerade im Bereich der Führungspositionen geht es ja kontinuierlich aufwärts, was mich natürlich sehr freut!«

Frau Knobloch, die sehr viel Zeit mit der Familie verbringt, hätte viele lustige Anekdoten zu erzählen. Eine Geschichte, »Sascha – der Schwan«, die ihr mit ihrem ältesten Enkel passiert ist, liegt ihr besonders am Herzen: »Als unsere Enkelkinder noch in München lebten, waren Spaziergänge mit Enten- und Schwänefüttern sehr beliebt. Als wir im Nymphenburger Park, umringt von Tieren, unser Brot verfütterten, rief ich entsetzt aus: »Sascha, du sollst mich nicht in den Rücken zwicken. Das macht man nicht.« Helles Gelächter, als ich mich umdrehte und einen großen Schwan als Täter erblickte. Sascha gab dem Schwan ein besonders großes Stück Brot.«

Die Wirtschaftsingenieurin

Um Teilzeit gekämpft – und gewonnen

Astrid Kogler

Die Familienpause bewusst nutzen und aktiv den Wiedereinstieg planen: Das sind zwei Grundsätze, nach denen Astrid Kogler, 37 Jahre alt, Diplom-Wirtschaftsingenieurin und Mama von Tiffany (11), Melvin (9) und Nesthäkchen Dustin (1½) ihren derzeitigen Erziehungsurlaub, wie auch die beiden davor, gestaltet. Ehe Tiffany zur Welt kam, war Astrid Kogler bei der Firma »Digital Equipment« als Financial Analyst vollzeitbeschäftigt, dann auf Teilzeitbasis tätig. Während ihrer Berufspausen hat sie stets Kontakt zur Firma gehalten, sich immer wieder in Erinnerung gebracht und so signalisiert, dass mit ihr auch weiterhin zu rechnen sei. Vor allem – und das bezeichnet sie als besonders wichtig – hat sie sich vor ihrem Wiedereinstieg immer selbst um ihre neue Stelle in der Firma gekümmert, denn den Rückkehrerinnen steht laut Gesetz zwar eine gleichwertige Position, aber nicht zwingend der gleiche Arbeitsplatz zu. Auch wenn Dustin in den Kindergarten kommt, wird Astrid Kogler weiterarbeiten, vorerst genießt sie aber ganz bewusst ihre »letzte Pause vor der Rente«.

Pausen hat sich Astrid Kogler in ihrer Jugend kaum gegönnt. Sie hatte sehr früh ihr Abitur in der Tasche und auch ganz konkrete Studienpläne.

In Rosenheim schrieb sie sich an der Fakultät für Wirtschaftsingenieurwesen ein. »Mir hat die Kombination gefallen, denn ich lege mich nicht gern auf nur einen Bereich fest, das ist mir zu langweilig. Reine Technik wäre mir zu männlich gewesen, außerdem liebe ich Zahlen, und ich liebe Technik.« Allerdings stellte sich ihr Studienfach dann doch als ziemlich »männlich« heraus, denn es gab nur etwa zehn Prozent Kommilitoninnen. Mit 23 Jahren hatte sie ihr Studium erfolgreich abgeschlossen und stürzte sich sofort ins Berufsleben.

Voller Enthusiasmus und Engagement begann sie ihren ersten Job als Financial Analyst bei »Digital Equipment«, zuerst im Bereich Logistik und Finanzen, sechs Monate später im Bereich Controlling. Bald schon regte sich in ihr der Wunsch nach Kindern. »Ich wollte immer Kinder haben, mein Mann sogar schon während unserer Studienzeit. Und ich wollte immer eine junge Mutter sein. Meine Eltern waren mir da stets ein Vorbild, sie waren beide auch noch jung, als ich auf die Welt kam, und dementsprechend fit, als ich aus dem Haus war. Sie sind in kein schwarzes Loch gefallen, sondern haben begonnen, ihr Leben und ihre Freiheit in vollen Zügen zu genießen. Das Vorbild meiner Eltern hat mich darin bestärkt, dass mein Weg der richtige ist.«

Nach der Geburt der ersten Tochter nahm Astrid Kogler 18 Monate Erziehungsurlaub – so viel stand Müttern damals zu. »Ich hatte immer vor, danach weiterzuarbeiten, und eineinhalb Jahre Pause waren mir auch genug.« Sie war jedoch nicht bereit, mit einem Kleinkind ganztags zu arbeiten. So nahm sie ihr Schicksal selbst in die Hand und begann, um einen Teilzeitvertrag zu kämpfen. »Das war in einer amerikanischen Firma natürlich absolut unüblich. Ich hatte aber einen verständnisvollen Chef, der mich sehr unterstützte und sogar für mich verhandelte.« Nach langer Diskussion mit der Personalabteilung hatte sie schließlich einen Teilzeitvertrag in der Tasche – übrigens als eine der Ersten in ihrer Firma. »Ich gehe davon aus, dass sich mein Arbeitgeber eine gute Fachkraft erhalten wollte und die Personalabteilung erkannt hat, dass es Zeit wird umzudenken.« Was danach kam, amüsiert Astrid Kogler noch heute.

Kaum hatte sie ihren neuen Arbeitsvertrag unterschrieben, stellte sie fest, dass sie wieder schwanger war. »Mein Chef war glücklicherweise nicht sauer, sondern hat sehr belustigt reagiert. Aber alle haben gedacht, ich komme nach dem zweiten Kind nicht wieder, aber ich kam wieder.«

Vor dem zweiten Mutterschutz arbeitete Astrid Kogler noch fünf Monate je zweieinhalb Tage die Woche an ihrem neuen Arbeitsplatz. Die Betreuung ihrer Tochter übernahmen die beiden Omas und eine Freundin. Als der zweite Erziehungsurlaub ablief und auch Melvin in den Kindergarten kam, konnte Astrid Kogler nahtlos wieder in ihren Teilzeitvertrag einsteigen. Heute sieht sie, dass ihre lange Abwesenheit aus dem Beruf und ihre Teilzeitbeschäftigung mit Sicherheit einer Karriere hinderlich sind. Nicht zuletzt um ihren Marktwert zu testen, hat sie sich bei anderen Firmen beworben. Viele hätten sie sofort eingestellt – unter der Bedingung, dass sie Vollzeit arbeitet. »Manche haben mich sogar zu Hause angerufen und bekniet, ich solle mich doch durchringen, voll zu arbeiten«, freut sich die 37-Jährige. Das stand jedoch nicht zur Debatte, zumindest so lange nicht, bis die Kinder in die Schule gingen. »Ich sehe mich auch in der Verantwortung für meine Kinder«, begründet sie ihre Entscheidung. »Ich habe die Kinder nicht zur Welt gebracht, damit sie sich selbst überlassen sind. Ich will sie aufwachsen sehen, und ich brauche auch etwas Zeit für mich. Die hätte ich kaum, wenn ich mit kleinen Kindern auch noch Vollzeit arbeiten würde.«

Die Kinder haben Astrid Kogler die Rückkehr in den Beruf nicht gerade leicht gemacht. Sie wurden plötzlich besonders anhänglich und sagten der Mama sehr deutlich, dass es ihnen viel lieber wäre, wenn sie zu Hause bliebe. »Aber es wäre für mich ein unerträglicher Gedanke, nie mehr außer Haus zu arbeiten. Und heute sind meine Kinder stolz auf mich.« Leichter wurde es für die Kleinen, Mamas Entscheidung zu akzeptieren, als sie auch mal mit ins Büro gehen durften und so sahen, dass sie während ihrer Arbeitszeit keineswegs auf einem anderen Planeten, sondern zumindest telefonisch erreichbar ist.

Lange Zeit lief für Astrid Kogler im Job alles bestens. »Ich war zufrieden, die Kinder waren es auch, da begann ich wieder zu grübeln. Plötzlich stellte mich der Alltagstrott nicht mehr zufrieden, meine Freundinnen bekamen damals alle Kinder, und so entstand bei mir der Wunsch nach einem Nachzügler«, erzählt sie. Aus dem Wunsch wurde Realität, und vor nunmehr eineinhalb Jahren erblickte Nesthäkchen Dustin das Licht der Welt.

Die junge Mutter ist damit jedoch für ihren Arbeitgeber nicht vollständig von der Bildfläche verschwunden. Sie ist jederzeit bereit, als Vertretung einzuspringen, und hat, als die Firma mit ihrem Nachfolger keine glückliche Hand hatte, den nächsten Kandidaten selbst eingearbeitet.

»Man gewinnt durch Kinder sehr viel Lebenserfahrung«, reflektiert Astrid Kogler ihre Rolle als Mutter. »Man entwickelt Eigenschaften wie Geduld und Flexibilität, die Fähigkeit zuhören und mit Stresssituationen umgehen zu können, Menschen zu führen und zu motivieren.« Ohne Unterstützung hält Astrid Kogler jedoch auch eine Teilzeittätigkeit kaum für machbar. »Man schafft es nur mit einem guten Netzwerk. Denn auch bei einer Teilzeitkraft fallen Termine außerhalb der Dienstzeit an.« Heute träumt sie davon, auch einmal etwas selbstständig zu machen, konkrete Angebote dafür liegen schon vor. »Ich bin mir darüber im Klaren, dass ich kaum mehr Karriere machen werde, denn für eine Karriere muss man durcharbeiten. Da darf man sich keine längeren Auszeiten leisten.« Aber sie ist sich sicher, dass sie durch die Erziehung ihrer Kinder auch im Beruf immer besser wird, denn die Rückzugsmöglichkeit ins Familienleben gibt ihr Sicherheit. »Außerdem«, so Astrid Kogler, »ist es mir wichtig, dass ich zufrieden bin mit dem, was ich tue. Und Zufriedenheit ist wichtiger als eine hohe Position.«

Die Babypause nutzen und den Wiedereinstieg planen

*B*ei Anhalten des gegenwärtigen Trends
wird die Gleichberechtigung der Frauen
in Politik und Wirtschaft
erst in annähernd 1000 Jahren verwirklicht sein.
Zu diesem Schluss gelangte eine Studie der
Internationalen Arbeitsorganisation (ILO) in Genf 1993.

Drei Jahre aus dem Beruf aussteigen, nur fürs Baby da sein. Dazu gibt es noch Geld vom Staat und eine Beschäftigungsgarantie: So sieht es der Erziehungsurlaub bzw. die seit Anfang 2001 ermöglichte »Elternzeit« vor. Dass eine Menge Leute die Babypause mit »Urlaub« assoziieren, ärgert viele Frauen. »Vergiss den Job, genieß das Kind, und mach dir eine schöne Zeit!« – mit diesen Worten wurde beispielsweise Karin (27) von ihrem Chef und den Kollegen in ihre Babypause verabschiedet. Gerade beruflich stark engagierte Kolleginnen ohne eigenen Nachwuchs beneideten die Sachbearbeiterin um ihre vermeintlich sorglose Auszeit. »Die dachten tatsächlich, ich würde täglich bis zehn Uhr schlafen, anschließend endlos telefonieren, mir zwischendurch

auf der Couch die Nägel lackieren, nachmittags ins Café oder zum Shoppen gehen und abends ins Kino. Dass mein Tag mit Benjamin so ganz anders aussieht, das können vor allem Kollegen ohne Kinder gar nicht verstehen. Die mit Familie wissen, wie viel Kraft ein Baby oder Kleinkind der Mutter abverlangt. Ich bin täglich 24 Stunden im Einsatz und froh, zwischendurch eine Mütze voll Schlaf zu kriegen«, erzählt die frisch gebackene Mutter mit den dunklen Augenringen. Es stimmt, eine berufstätige Mutter kann sich nie wieder so intensiv um ihr Kind kümmern wie im Erziehungsurlaub. Aber wie lang soll der dauern? Und was wird aus dem Job? Kluge Frauen bauen da vor und planen diese Zeit mindestens ebenso intensiv wie ihre berufliche Karriere.

⊗ **Fit für den zweiten Start**

Eine babybedingte Auszeit kann sicherlich gerade in stressigen Berufen dazu beitragen, den Kopf wieder frei zu bekommen, ohne Termindruck längst überfällige Projekte zu erledigen und sich dem Schönsten überhaupt zu widmen, das es im Leben einer Frau gibt, dem eigenen Nachwuchs! »Kinder wachsen leider so schnell, da sollte man es sich schon gönnen und ihre Fortschritte bewusst mitkriegen. Ich habe durch meine ständige Berufstätigkeit leider die ersten Schritte von Max und das erste Wort von Alexandra verpasst. Es war Papa, nicht Mama. Das hat mich damals schon schwer getroffen«, erzählt die 43-jährige Veronika. Die gelernte Schneidermeisterin, die sich nach der Geburt des zweiten Kindes selbstständig machte, musste schon immer viel arbeiten, »damit ich auf einen grünen Zweig komme«. Die Oma betreute derweil die Kinder, was auch prima klappte. »Als mir mein Sohn allerdings mal entgegenschleuderte, meine Arbeit sei so furchtbar, weil ich wegen der nie Zeit für ihn hätte, war das ein schlimmer Tag. Er wollte auf eine Martinsfeier, ich musste für eine Kundin noch ein Abendkleid kürzen. Der Papa war auch noch im Büro, die Oma wollte abends nicht mehr mit dem Kind auf die Straße zum Laternenumzug. Der ist dann für ihn ausgefallen, das hat er mir ganz lang nicht verziehen.«

Rund 400 000 berufstätige Frauen pro Jahr werden Mutter. Ein völlig neues Leben beginnt, und das noch vor der Entbindung: Der Arbeitsplatz muss aufgeräumt und die Aufgaben delegiert werden, das Zuhause wird zum künftigen Arbeitsplatz umfunktioniert. Nachts träumen die werdenden oder frisch gebackenen Mütter nicht vom Stillen und Windelnwechseln, sondern vom Arbeitsplatz. Viele haben in der Babypause Angst, den Anschluss zu verpassen und bleiben daher nur ein Jahr zu Hause bei ihrem Kind. Eine »Karrierefalle« muss der Erziehungsurlaub nicht sein, wenn man ihn strategisch plant und sowohl das Gedeihen des Kindes wie auch die weitere berufliche Tätigkeit im Blick behält. Wer im zweiten Lebensjahr des Sohnes oder der Tochter keine Betreuungsmöglichkeit für sein Kind sieht, sich keine Tagesmutter leisten kann und auch keine liebevolle Oma in der Nähe hat, der ist oftmals sogar gezwungen, die gesetzlich verankerten drei Jahre voll auszuschöpfen. Für eine Frau, die gern in ihrem Beruf weiterarbeiten möchte, eine schwierige Situation. Damit der Erziehungsurlaub nicht zum Anfang vom Ende der Karriere wird, sollten Sie sich früh genug mit Müttern in ähnlichen Situationen zusammentun: eine Spielgruppe gründen, ein Mütterzentrum besuchen, Nachbarschaftshilfen ausloten oder sich rechtzeitig – wenn es finanziell möglich ist – nach einer erfahrenen Tagesmutter umsehen. Denn leider ist es immer noch so (und selbstverständlich gerade in führenden Positionen), dass eine Frau auf dem Arbeitsmarkt bereits als schwer vermittelbar gilt, wenn sie ein Jahr und länger »weg vom Fenster« ist.

Während der Babypause kann am Arbeitsplatz viel passieren: Ein neues Computersystem hält Einzug, der Chef wechselt, die Abteilung wird umstrukturiert, neue langfristige Projekte werden angekurbelt. Deshalb heißt die Devise: dranbleiben! Nicht den Anschluss verpassen, sich nicht von Kollegen in die Mutter-Ecke abdrängen lassen. Besuchen Sie einmal pro Monat schick gekleidet und gut gelaunt ihre alte Abteilung – am besten ohne schreiendes Baby im Arm. Erzählen Sie nur wenig von Ihrem Nachwuchs, erkundigen Sie sich vielmehr nach dem aktuellen Geschehen, nach Veränderungen, Terminen etc. Demonstrieren Sie durch Ihre Präsenz, dass man mit Ihnen durchaus wieder zu rechnen hat! Erkundigen Sie sich in der Personalstelle oder beim Betriebsrat nach Urlaubsvertretungen und Aushilfsmöglichkeiten. Nutzen Sie die Freizeit daheim für einen Auffrischungskurs in Business English, für ein Rhetorik-Seminar, eine Stilberatung oder einen Computerkurs. Solche Dinge kann man durchaus am Abend oder am Wochenende durchziehen und den Papa als Kindermädchen einteilen! Bauen Sie sich ein Netzwerk unter den ehemaligen Kollegen auf, mit denen Sie bald wieder täglich arbeiten werden. Hatten Sie früher eine Abneigung gegen Kollegentratsch, so akzeptieren Sie den jetzt als sprudelnde Kommunikationsquelle, und wenn es nur mal am Telefon ist. Nehmen Sie Einladungen zu Betriebsausflügen und Besprechungen freudig an, auch wenn es noch so schwierig ist, für diese Stunden einen Babysitter zu finden. Seien Sie kreativ, und bieten Sie einer Mutter in vergleichbarer Situation an, sich dafür an einem anderen Tag zu revanchieren und auf ihr Kind aufzupassen. Oder lassen Sie die Oma einfliegen, eine Studentin aushelfen, oder fragen Sie in der nahe gelegenen Kinderkrippe nach, ob Ihr Sohn dort für zwei Stunden unterkommen kann – es wäre ein Notfall. Wer gut über die Vorgänge in der Firma informiert ist, schafft den Wiedereinstieg leichter.

Apropos Wiedereinstieg. Einerseits freuen sich junge Mütter auf die Rückkehr in den Beruf, andererseits ist es für sie eine ganz neue Situation, die viele Fragen aufwirft. Kriege ich beide Rollen in den Griff? Ist mein Kind bei der Betreuung gut aufgehoben? Wird der Haushalt verwahrlosen, wenn ich nur noch ganz wenig Zeit dafür habe? Und was wird aus mir selbst – schaffe ich die Herausforderungen überhaupt alle? Frauen, die nicht hundertprozentig hinter ihrem Vorhaben stehen, in den Beruf zurückzukehren, haben schlechte Karten. Das schlechte Gewissen, der »Feind aller Mütter«, wird sie spätestens am dritten Arbeitstag gnadenlos überfallen und ihre Entscheidung anzweifeln lassen. Ganz besonders hart wird es, wenn der Partner die neue Situation nur unwillig akzeptiert und murrt, weil er vielleicht stärker als bisher in den Haushalt eingebunden wird. Dass Sie Abstriche machen müssen, sollte Ihnen glasklar sein. Verteidigen Sie Ihre Rechte, und fordern Sie Verständnis und Mitverantwortung vom Partner.

Wenn Sie ein gutes Einkommen haben, sollten Sie überlegen, eine Haushaltshilfe oder Zugehfrau zur Entlastung einzustellen. Geben Sie Ihrem Kind in der Anfangszeit besonders viel Zärtlichkeit und Geborgenheit, und machen Sie ihm den Abschied zur Oma, in den Hort oder den Kindergarten so schön wie möglich: Schreien und Zetern am Morgen bringt nur unnötigen Wirbel in die Familie. Disziplin und perfekte Organisation heißen die Zauberworte. Es kommt nicht darauf an, wie viel Zeit Sie Ihrem Kind widmen, sondern wie Sie diese gemeinsam nutzen! Die Stunden nach Dienstschluss sollten auf alle Fälle dem Kind gehören, auch wenn die Fenster noch so schmutzig sind und der Fußboden klebt. Gehen Sie mit Selbstbewusstsein in jeden neuen Arbeitstag, feilen Sie an Ihrem Betreuungsnetz, und sichern Sie sich lieber dreifach ab. Dann wird das schreckliche Wort »Windpocken« Sie nicht in Tränen ausbrechen lassen, weil eine wichtige Konferenz auf der Tagesordnung steht und das Kind nicht zur Tagesmutter kann. Demonstrieren Sie Souveränität, und lassen Sie bei Vorgesetzten ruhig anklingen, wie viele »Schlüsselqualitäten« Sie in Ihrer Erziehungsphase dazugelernt haben. Familienglück und Karriere schließen sich heute nicht mehr aus – Sie müssen es nur geschickt anpacken und typische »Frauenfallen« vermeiden. Dann entpuppt sich der Wiedereinstieg als echte Chance für einen zweiten Start in Richtung Karriere.

Tipps für den Wiedereinstieg

❌ Bereiten Sie Ihren Ausstieg sorgfältig vor

❌ Lassen Sie sich frühzeitig ein Zeugnis ausstellen, weil man nie sicher sein kann, ob der oder die Vorgesetzte später noch da ist

❌ Bleiben Sie in Kontakt mit Ihrer Firma und Ihren Vorgesetzten

❌ Halten Sie sich auf dem neuesten Stand

❌ Weiterbildung erleichtert die Rückkehr

❌ Je kürzer die Pause, umso leichter der Wiedereinstieg

❌ Seien Sie selbstbewusst und treten Sie auch so auf

❌ Verteilen Sie die Aufgaben im Haushalt auch an den Partner

✪ Knüpfen Sie ein Betreuungsnetz-
werk für Notfälle

✪ Freuen Sie sich auf Ihre Babypause, und genießen Sie diese in vollen
Zügen!

✪ Ein ganz normaler Abend, ein ganz normaler Morgen

Mama und Papa saßen am Abend vor
dem Fernseher. Zu vorgerückter Stunde sagte Mama: »Es wird langsam
spät, und ich bin müde, ich gehe ins
Bett.« – »Tu das«, antwortete Papa
und wunderte sich insgeheim: »Warum sind Frauen bloß immer so müde? Na ja, sie sind halt doch das
schwache Geschlecht!«

Mama ging noch schnell in die Küche.
Wie immer hatten die Kinder ihre
Obstschüsseln einfach nur abgestellt.
Sie wusch sie schnell ab. Und weil sie
ohnehin schon dabei war, richtete sie
noch die Schulbrote her. Das tiefge-
frorene Fleisch für morgen musste
noch aus dem Kühlfach. Ach ja, die
Zuckerdose könnte auch mal aufge-
füllt werden. Und weil sie am nächsten Tag froh sein würde, ihn ohne
Hektik zu beginnen, deckte sie noch
schnell den Frühstückstisch.

Dann hat Mama noch die Wäsche in
den Trockner gelegt, verstreute Spielsachen eingesammelt und die Zeitung
weggeräumt. Die Blumen bekamen
Wasser. »Ich dachte, du wolltest ins

Bett gehen«, sagte Papa, der sich
wunderte, warum Frauen niemals fertig wurden. »Ich bin doch schon auf
dem Weg«, antwortete Mama. Sie
gähnte und ging ins Schlafzimmer.
Unterwegs machte sie kurz am
Schreibtisch halt und schrieb für die
Lehrerin ihres Sohnes eine kurze Mit-
teilung; es wurde nämlich wieder einmal Zeit für einen Termin in der
Sprechstunde. Sie richtete das Ta-
schengeld für die Kinder her und füll-
te die Überweisung für eine überfällige Handwerkerrechnung aus.

Endlich putzte sie die Zähne, bürstete
sich die Haare und trug die Nachtcre-
me auf. Sie ging in die Kinderzimmer,
deckte ihre Tochter zu und warf die
schmutzigen Socken in den Wäsche-
korb. Dem älteren Sohn, der noch
verzweifelt für seine Matheprüfung
büffelte, sprach sie Mut zu. Sie gab
dem Hund zu trinken und sah nach,
ob der Herd ausgeschaltet war. »Gute
Nacht«, sagte sie zu ihrem Mann. »Du
schläfst ja immer noch nicht!«, antwortete er. Er drehte den Fernseher ab
und sagte: »Ich gehe auch ins Bett.«
Und das tat er dann auch.

Am nächsten Tag erlebte Mama einen
ganz normalen Büro-Morgen. Als sie
kurz vor halb neun Uhr, noch in Hut
und Mantel, in der Tür stand, erfuhr
sie von ihrer Sekretärin, dass der Chef
für die Sitzung um 9 Uhr ganz dringend die Zahlen für die Projektpla-
nung der nächsten drei Monate brau-

che. Mama seufzte. »Warum sagt er das erst in der letzten Minute?«, dachte sie. Aber da sie wusste, dass ihr Chef die Dinge immer schon am liebsten vorgestern gehabt hätte, startete sie kopfschüttelnd den Computer, zog dann ihren Mantel aus und wollte sich an die Arbeit machen. Aber der Computer hatte offensichtlich andere Pläne und meldete lapidar: »Schwerer Ausnahmefehler«. Mama wurde nervös, denn so gut sie sich auch mit ihrem Computer vertrug, bei technischen Problemen war sie hilflos. Es gab keine andere Chance, es musste schnell jemand aus der EDV-Abteilung her – und die war natürlich um diese Zeit noch nicht besetzt. Doch so leicht gab Mama nicht auf: Sie bat die Sekretärin, kurz ihren Platz zu räumen, damit sie die Tabelle auf ihrem Computer basteln konnte.

Während sie noch eifrig dabei war, die Tabelle in eine gefällige Form zu bringen, erzählte ihr die Sekretärin im Vertrauen vom letzten Streit mit der Buchhalterin. Die Sekretärin hatte leider sehr nah am Wasser gebaut, und so tröstete Mama sie, indem sie betonte, wie zufrieden sie mit ihrer Arbeit sei und dass sie sich nicht so leicht aus dem seelischen Gleichgewicht bringen lassen sollte.

Kurz vor neun Uhr rief sie ihren Chef an und teilte ihm mit, dass sie ihm die fertige Tabelle mailen würde. Er erwiderte, er wolle sie gern bei der Sit-

zung dabei haben. Also druckte Mama die Tabelle rasch aus und wollte vor dem Spiegel ihre Frisur kontrollieren und die Lippen nachziehen. Doch ein Blick auf ihre Beine ließ ihr Blut in den Adern stocken. Eine Laufmasche vom Knie bis zur Ferse! Und weil es sich um schwarze Strumpfhosen handelte, war die Hoffnung, dass es vielleicht nicht gleich auffiel, dahin! Aber Mama wäre nicht auch Karrierefrau, wenn sie nicht auch hier eine Lösung parat hätte. Da eine Laufmasche zum Albtraum jeder Frau zählt, hat sie immer Ersatzpaare in ihrer Schreibtischschublade. Mama meldete sich, nun wieder korrekt gekleidet, bei der Sekretärin ab, die ihr bei dieser Gelegenheit mitteilte, dass sie versehentlich einen Termin um 10.30 Uhr zweimal vergeben habe, nun aber keinen der beiden Besucher telefonisch erreichen könne. Wieder seufzte Mama und versprach, sich nach der Sitzung um dieses Problem zu kümmern.

Lächelnd ging Mama den Flur entlang zum Büro des Chefs. »Wie schön, dass sich manche Dinge nie verändern«, dachte sie. Zum Beispiel die erste Stunde jeden Morgen im Büro.

Familienfreundlichkeit und Personalpolitik

Interview mit Wolfgang Erler, Deutsches Jugendinstitut, München

Wir haben uns, als wir dieses Buch konzipierten, natürlich auch mit der Frage beschäftigt, ob es wissenschaftliches Material zu unserem Thema »Mütter als Manager« gibt. Wir waren sehr überrascht, als wir feststellten, dass am Deutschen Jugendinstitut in München ein Forschungsprojekt mit dem Titel »Familienkompetenzen als Potenzial einer innovativen Personalentwicklung« in Arbeit ist. Im Rahmen dieses Projekts wurde ein Leitfaden entwickelt, anhand dessen sich Mütter über ihre Kompetenzen, die sie in ihrer Familienzeit erworben haben, klar werden und sie realistisch einschätzen und darstellen können. Da das Projekt genau unsere Thesen stützt, waren wir natürlich sehr froh, als wir Wolfgang Erler, einen Wissenschaftler aus dem vierköpfigen Team, das dieses Projekt betreut, für ein Interview gewinnen konnten. Wolfgang Erler ist (wieder) verheiratet und hat in erster Ehe eine »angeheiratete«, inzwischen erwachsene Tochter über 20 Jahre lang als Vater begleitet.

❓ Dass sich zwei Mütter Gedanken über das Thema »Mütter als Managerinnen« machen, ist nahe liegend. Wie sind Sie als Mann darauf gestoßen, und das schon viel früher als wir? Lag das Thema in der Luft?

🔴 Ich habe mich schon in meiner Studentenzeit – wie so viele meiner Generation – intensiv mit der Lebensmodelldebatte, die damals [in den 70er- und 80er-Jahren] sehr aktuell war, auseinander gesetzt. Es war uns immer klar, dass wir unser Berufs- und Familienleben nicht nach dem Modell »die Frau muss wegen des Kindes zu Hause bleiben« gestalten wollten. Wir sind damals mit einer ganzen Gruppe aufs Land gezogen, um Landwirtschaft zu betreiben und »auf und von eigener Scholle« zu leben. Dieses Experiment war faszinierend, denn wir haben das Landleben nicht nur beobachtet und erforscht, sondern haben selbst lernen müssen, die Arbeit auf einem kleinen Bauernhof von zunächst acht Hektar Land mit anderen Einkommensquellen zu kombinieren, um unseren Lebensunterhalt zu bestreiten. Betrachtet man Landwirtschaft als Arbeitsform, dann stellt man fest, dass sie sich stark von einem abhängigen »Normalarbeitsverhältnis« unterscheidet. Und sie weist eine entscheidende Ähnlichkeit mit der Arbeit im Haushalt auf, weil sie es als »Hege und Pflege« immer mit Lebendigem – ob mit Pflanzen oder mit Tieren – zu tun hat und wie der Lebenszyklus von Menschen an die natürlichen Zyklen gebunden bleibt. Vielleicht ist das in den Zeitaltern der Industrialisierung und jetzt der Digitalisierung der tiefere Grund für die Geringschätzung, die beiden Arbeitsformen – der Haus(frauen)- und der Landarbeit – entgegengebracht wird. Dabei spielen zum Beispiel die Bäuerinnen in kleinen und mittleren Betrieben eine unglaublich unternehmerische Rolle. Und sie sind auch im technischen Bereich, den man traditionell nicht den Frauen zuordnet, mindestens so firm wie die Männer.

Solche Überlegungen haben mich zu meinem ersten beruflichen Forschungsprojekt mit dem Thema »Lebensgeschichte von Bäuerinnen« gebracht. Auch später habe ich mich wissenschaftlich immer wieder aus verschiedenen Blickwinkeln mit der Situation von Frauen auf dem Arbeitsmarkt beschäftigt. Bei einigen dieser Projekte habe ich – wieder eine Art Familienbetrieb – mit meiner Schwester zusammengearbeitet, die Anfang der 90er-Jahre für BMW den Familienservice aufgebaut hat. Inzwischen gibt es ihn an 14 Standorten in Deutschland,

und er kooperiert mit über 100 namhaften Firmen. Er berät und unterstützt deren Mitarbeiterinnen und Mitarbeiter bei der Lösung von
Kinderbetreuungsproblemen – zum Beispiel durch die Vermittlung von
Tagesmüttern, Kinderfrauen und Au-pair-Mädchen oder durch Informationen über eine passende Kinderbetreuungseinrichtung. Das Mo-
tiv der Unternehmen, dieses Service-Angebot als einen ausgelagerten
Teil der Personalpolitik und -betreuung zu nutzen, liegt auf der
Hand: Sie können und wollen es sich nicht länger leisten, teuer
ausgebildete Frauen nach der Geburt eines Kindes für Jahre oder
ganz zu verlieren.

? Können Frauen mit den Kompetenzen, die sie in ihrer
Familienarbeit erworben haben, wirklich Karriere machen? Wie
können die Frauen ihre Kompetenzen zeigen, und wie können sie
gemessen werden?

! Leider setzt bei Frauen in der Familienphase oft ein
Prozess der Selbstabwertung ein. Das liegt zum großen Teil daran,
dass Familienarbeit bis heute nicht als Arbeit begriffen wird. Die
Mütter müssen sich darüber klar werden, dass man auch im Haushalt und im Umgang mit Kindern Kompetenzen erwirbt, und zwar
lebenspraktisch. Um dies zu erkennen, bedarf es einer aktiven
Selbstreflexion der Frauen und auch unterstützender Netzwerke.
Selbstverständlich besteht die Gefahr, dass Frauen in der Familienphase fachliche Kompetenzen einbüßen. Sie sind jedoch schnell
wieder aufgebaut, das ist nur eine Frage der Motivation.
Zur Frage nach der Messbarkeit der erworbenen Familienkompetenzen: Natürlich sind Familienkompetenzen nicht objektiv mess-
bar, aber auch fachliche Kompetenzen sind das nicht. Man kann sich
hier nur auf Standards verständigen. Dies muss in einem Dialog-
prozess geschehen. Wir, das Deutsche Jugendinstitut in München in
Zusammenarbeit mit der Katholischen Arbeitnehmerbewegung (KAB)
Süddeutschlands, haben dazu eine Methode entwickelt, die wir in
Anlehnung an ein in Frankreich jährlich hunderttausendfach angewand-
tes und gesetzlich als Rechtsanspruch aller Arbeitnehmer verankertes

Verfahren »Kompetenzbilanz« nennen. Dabei findet zunächst eine Selbsteinschätzung durch die Frau, oder auch den Mann, statt, die durch Hinweise und Arbeitsmaterialien zu den Themen »Lebensgeschichte als Lerngeschichte« und »Familie als Lernort« erleichtert und vorbereitet wird. Die Selbsteinschätzung wird in einem übersichtlichen »Kompetenzprofil« auf einem Blatt verdichtet. Sie wird dann in einem zweiten Schritt durch eine Fremdeinschätzung – durch den eigenen Lebenspartner, durch Freunde, Kollegen oder auch einen Vorgesetzten – kontrolliert. Diese beiden Einschätzungen werden dann am Arbeitsplatz Gegenstand eines Dialogs beider Seiten. Diese Methode exerziert nicht – wie das in Assessment-Centern geschieht – nur Spielsituationen durch, in denen sich mit genügend Bewerbungstraining jeder präsentieren kann. Es geht bei der Kompetenzbilanz darum, das persönliche Kompetenzspektrum auf der Grundlage seiner biografischen Verankerung einzufangen und sichtbar zu machen.

Unternehmen sollten diese Methode der Kompetenzeinschätzung zu ihrem Modell machen, nicht nur bei Bewerbungen, sondern auch bei Personalgesprächen, bei der Karriereplanung, und nicht nur bei Frauen, sondern auch bei Männern.

? Haben speziell Mütter ganz bestimmte Führungsqualitäten, die Frauen ohne Familie nicht unbedingt mitbringen?

! Familie ist ein Immunsystem gegen Ausbrennen. Man hat mit Familie auch noch andere Aufgaben, auf die man sich immer wieder beziehen kann.

Managementqualitäten werden gerade dort ausgeprägt, wo Frauen mit kleinen Kindern berufstätig sind. Ich kenne Personalchefs, die sagen: »Wir finden allein erziehende Mütter klasse, die sind *tough*, die haben von Anfang an gearbeitet. Wenn sie das alles geschafft haben, dann schaffen sie noch viel mehr.« Mütter haben viel gelernt, und das nicht in Kursen, sondern lebenspraktisch. Sie haben Geduld erlernt, sie können zuhören, fördern, führen, sie denken nicht zuallererst an sich selbst, sondern auch an andere. Auf das Berufsleben übertragen heißt das, sie denken auch für das Unternehmen. Man sieht: Kommunikative Fähigkeiten, Führungskompetenzen, unternehmerisches Denken, das sind genau die Schlüsselqualifikationen, die heute an Bewerber um Managementposten gestellt werden. Dass fachliche Kompetenzen vorhanden sein müssen, ist völlig klar, aber oft haben Frauen ohnehin bessere Abschlüsse vorzuweisen als ihre männlichen Kollegen. Und was Mütter gegenüber anderen Arbeitnehmern auszeichnet: Sie haben gelernt, sich ihre Zeit einzuteilen. Gerade im Bereich Zeitmanagement fangen auch die Männer an umzudenken. Denn das Muster »wenn ich viel da bin, bin ich gut« ist primitiv.

🔴 Sie haben Kontakt zu Personalverantwortlichen vieler Unternehmen. Stellen Sie eine Offenheit gegenüber der Idee fest, Familienkompetenzen bei Personalentscheidungen mit einzubeziehen, oder muss noch sehr viel Aufklärungsarbeit geleistet werden?

🔴 Man könnte nicht behaup   , dass die Firmen händeringend auf unser Instrument warter.   ·stehen an der Schwelle, dass es in Unternehmen angewandt wi. .i, aber es ist ja bekannt, je größer die Firma, desto länger dauern die Prozesse. Die Unternehmen werden jedoch erkennen, dass es sich auch finanziell lohnt, Familienkompetenzen ernst zu nehmen, denn es wird immer schwieriger und aufwendiger, den richtigen Mitarbeiter zu finden.

Viele sagen, unsere Begriffswahl »Familienkompetenzen« sei problematisch, denn daran klebe, wie an dem Begriff »Mütterlichkeit«, etwas Antiquiertes, das sich nicht mit der Dynamik und der Schlankheit der »New Economy« vertrage. Interessanterweise wird die Formulierung besonders vehement von Frauen abgelehnt. Sie fordern immer wieder: »Könnt ihr keinen anderen Begriff finden?« Wir haben uns in der Debatte um das Label aber entschieden. Wir bleiben bei »Familienkompetenzen«, denn das ist unser Auftrag.

Die Offenheit der Firmen gegenüber dem Konzept ist abhängig davon, wie Firmen mit der Tatsache umgehen, dass ihre Mitarbeiter auch noch

Menschen außerhalb des Betriebs sind. Ich bin mir unsicher, ob im Bereich der New Economy durch den dort extrem praktizierten kollektiven »Workaholismus« nicht wieder eine Kultur entsteht, die schon am Schwinden war. Aber auch die Mitarbeiter dort stehen über kurz oder lang vor der Frage, ob sie auch noch ein Leben jenseits der Arbeit führen wollen. Das Unternehmen als Ersatzfamilie wird keinen dauerhaften Bestand haben. Außerdem findet gerade in der New Economy eine Auflockerung der Strukturen und Hierarchien statt. Hier wird deutlich, dass die alten Unternehmensstrukturen im Niedergang begriffen sind.

Wir haben die Erfahrung gemacht, dass die Sensibilisierung für die Bedeutung von Familienkompetenzen meist an Einzelpersonen hängt, und dieses Bewusstsein ist bis heute eine Nische, die bei Umstrukturierungen in den Firmen oft unter Beschuss gerät. Dieses Thema braucht also auch Männer, die es voranbringen. Und die Firmen müssen erkennen, dass sich dieser Weg lohnt.

Immer wieder stößt man bei der Debatte um dieses Thema auf den Begriff »familienfreundliches Unternehmen«. Aber was bedeutet familienfreundlich? Es gibt in der Politik und in der Wirtschaft immer noch altbackene Männerrunden, die unter familienfreundlicher Unternehmenspolitik verstehen, dass man Mütter noch länger nach Hause schickt und furchtbar lieb zu ihnen ist, wenn sie wieder zurückkommen. In Wirklichkeit heißt familienfreundlich aber, längerfristig zu planen und zwar in der Hinsicht, dass man Mitarbeiter auch als Menschen außerhalb des Betriebs wahrnimmt. Und nicht nur die Frauen, auch die Männer – denn wir sehen den Trend, dass es immer mehr Männer gibt, die ihre Kinder aufwachsen sehen wollen. Es fällt schon im Straßenbild auf, dass sich heute mehr Männer auch im Alltag für ihre Kinder engagieren.

Der entscheidende Faktor für eine weitreichende Veränderung ist also eine veränderte Kultur bei den Vorgesetzten, damit sie dieses Problem in seiner ganzen Tragweite erkennen. So lang sie das neue Leitbild »Familienfreundlichkeit« nur formal und zähneknirschend, in Wirklichkeit aber mit dem Hintergedanken »Der sabotiert jetzt meinen Laden!« umsetzen, so lang werden viele Motivationschancen verschenkt, wie sie eine Kultur der Eigenverantwortung und des gegenseitigen Vertrauens bietet. Eine Schlüsselfrage ist hier beispielsweise immer noch eine flexible Arbeitszeitregelung. Es gibt hier noch viel zu viele rigide und unerklärlich altmodische Modelle.

Wie schaut es mit dem Modell Familienkompetenzen in anderen Staaten aus. Sind die Deutschen hier Trendsetter oder sind andere bereits viel weiter?

Das Thema Familienkompetenzen hat unter diesem Etikett bisher vor allem in den deutschsprachigen Ländern, besonders intensiv in der Schweiz, Fuß gefasst. Dagegen ist der größere Zusammenhang »Anerkennung und Nutzung von informell erworbenem Wissen und Qualifikationen am Arbeitsplatz« in anderen europäischen Ländern, vor allem aber auch in den USA und Kanada, sehr viel erschöpfender bearbeitet worden. Dementsprechend gibt es dazu auch in der betrieblichen Praxis weit verbreitete und akzeptierte Instrumente, zum Beispiel unter dem Titel »Prior Learning Assessment and Recognition = PLAR«, und es ist für Arbeitnehmer nicht ungewöhnlich, von ihren eigenen Kompetenzen als einem »persönlichen Kompetenzportfolio« zu sprechen.

Was das Thema Familienfreundlichkeit in der Personalpolitik angeht, ist das konzeptionelle Denken vor allem in der »corporate culture« in den USA sehr viel weiter entwickelt als bei uns. Das liegt natürlich an dem völlig anderen gesellschaftlichen Umfeld und dem viel weniger ausgebauten Sozialstaat, zum Beispiel am weitgehenden Fehlen einer öffentlich finanzierten Infrastruktur für die Kinderbetreuung. Und gerade in der Frage Mütter im Beruf wird in den USA viel energischer operiert. Große amerikanische Unternehmer reagieren mit Erstaunen darauf, wie wenig Frauen in deutschen Firmen Führungspositionen innehaben. Jetzt fordern sie immer vehementer von ihren europäischen Ablegern, nicht nur Frauen, sondern ganz speziell Mütter zu fördern.

❓ Es wird allerorten über Fachkräftemangel geklagt. Begabter Führungsnachwuchs ist rar. Sind die nach wie vor männlich besetzten Management-Etagen bereit, in die Potenziale von Frauen und speziell Müttern zu investieren, oder kleben die Männer an ihrer Macht?

❗ Natürlich kleben die Männer, die da sind, an ihrer Macht. Größere Veränderungen werden im Generationenwechsel passieren. Aber die Demographiedebatte ist in den Firmen angekommen. Es gibt echte Probleme mit den Leuten, die gesucht werden. Und dieses Problem wird sich weiter zuspitzen. Es ist also klar, dass man die Frauen brauchen wird. Kein Unternehmen kann es sich auf Dauer leisten, die Potenziale der Frauen, auch derjenigen, die noch zu Hause sind, nicht zu nutzen. Es ist bereits eine große Dynamik in diesem Feld spürbar. Aber man braucht noch viel Aufklärungsarbeit, um das Ganze noch zu unterfüttern.

❓ Was sagen Sie zu dem Statement »Das kommende Jahrtausend wird asiatischer, und es wird weiblicher«?

❗ Man kann immer nur rückblickend sagen, warum eine Entwicklung plötzlich explodiert, warum aus einer Nische Mainstream wird. Ich kann nur eine Prognose abgeben: In der Arbeitsplatzsituation im Jahr 2010 werden Frauen bereits eine wesentlich größere Rolle spielen. Wir befinden uns mit Sicherheit an einem Wendepunkt, das Thema Mütter und Karriere gewinnt gerade an Fahrt. Sehr viele Entwicklungen weisen da in die gleiche Richtung. Nicht nur in der Arbeitswelt, sondern auch in der Politik, wo nicht nur Frauen, sondern ganz explizit immer mehr Mütter ins Blickfeld rücken.

Aber man soll nicht in ein Lamento verfallen. Sozialkompetenzen werden immer mehr an Bedeutung gewinnen; die Wirtschaft kann es sich nicht leisten, das zu ignorieren. Familienkompetenzen sind jedoch nicht nur für Frauen wichtig. Darum wird die nächste Forderung sein: Bringt die auf diesem Feld zurückgebliebenen Männer voran. Viele von ihnen sind in diesem Bereich gewissermaßen geistig arm.

Politisches Engagement mit hohem Einsatz

Die Ministerin
Monika Hohlmeier

Ihre Dynamik ist verblüffend, ihre Fähigkeit, sich schnell auf andere Menschen, Themen und Termine einzustellen, auch: Monika Hohlmeier, 39 Jahre jung und ein wahres Energiebündel, wirkt ganz entspannt – und das, obwohl sie schon mehr als zehn Stunden auf den Beinen ist. Sie ist seit 1998 Ministerin, und zwar »Bayerische Staatsministerin für Unterricht und Kultus«. Mit vielen Leuten umzugehen und sich immer wieder auf neue Herausforderungen einzustellen, hat sie schon früh gelernt. Zu Terminen wurde sie von ihrem Vater schon als Kind mitgenommen. »Alle Leute waren damals ungeheuer nett zu mir. Ich bekam Pommes frites und durfte Spezi trinken, wo es doch zu Hause immer nur den selbst gepressten Johannisbeersaft gab. Meist stand ich am Rand und beobachtete die Menschen, schaute, wie sie meinen Vater hofierten, und bekam mit, was sie hinter seinem Rücken über ihn sagten. Doch nach dem Tod meiner Mutter war es für mich kein Spiel mehr.«
Der Name Hohlmeier ist vielleicht nicht gleich für alle ein Begriff. Spätestens dann aber, wenn ihr Mädchenname fällt, kommt der Aha-Effekt: Monika Hohlmeier ist die Tochter von Franz Josef Strauß und blickte schon als Kind hinter die Kulissen der Politik. Nach dem tra-

gischen Autounfall ihrer Mutter Marianne übernahm sie mit Anfang 20 die Rolle der ersten Landestochter – und bestand diese Reifeprüfung mit Charme und Bravour. Monika Hohlmeier ist verheiratet und schafft es trotz des harten Ministeralltags, ihren beiden Kindern Michaela (14) und Markus (12) eine liebevolle Mutter zu sein.

In München geboren, besuchte sie die Volksschule in Rott am Inn, wo übrigens ihre Eltern beerdigt sind, und kam anschließend aufs Dante-Gymnasium in München, wo sie 1981 ihr Abitur ablegte.

»Gelegentlich war aber auch mein Vater Ansprechpartner in schulischen Fragen. Einmal schrieb ich einen Aufsatz über Don Giovanni und gab ihn ihm zu lesen, denn er verfügte über eine phänomenale Ausdrucksfähigkeit in der deutschen Sprache. Er fand den Aufsatz ganz in Ordnung und sagte mir, was er noch verändern würde. Ich gab die Arbeit ab – und bekam eine Vier minus. Daraufhin legte ich das Heft erneut meinem Vater vor. Als ich es mir wieder holte, hatte er einen kleinen gelben Zettel draufgepappt, der nur für mich bestimmt war. Mit grüner Tinte stand darauf ›Armleuchter‹ geschrieben.« Das hat die Seele der Tochter doch sehr getröstet ... Dem Gymnasium folgte eine Ausbildung zur Hotelkauffrau, 1985/86 folgte der Besuch des Fremdspracheninstituts der Landeshauptstadt München, wo sie Französisch und Spanisch studierte. 1982 heiratete sie Michael Hohlmeier.

Die Eltern, die durch das politische Engagement von Franz Josef Strauß selbstverständlich immer im Blick der Öffentlichkeit standen, haben ihre Kinder nie eingeengt. Im Alleingang ist die Politikerin als 16-Jährige in die CSU eingetreten. Ihre Brüder waren bereits Mitglieder, und oft war sie mit ihnen und einigen Freunden nachts mit dem Leimkübel durch die Gegend gezogen und hatte Plakate geklebt. »Was mich aber letztendlich zur CSU führte, waren deren Vorstellungen von Freiheit und Verantwortung. Mit stolz geschwellter Brust erzählte ich meinem Vater von meinem Eintritt in seine Partei. Ich erwartete ein Lob, doch das Gegenteil war der Fall. Er war sauer und fragte mich nach meinen Noten in Physik und in Latein. Die waren in Ordnung, und schon war er besser gelaunt. Er ließ mich wissen, dass er das alles schön und gut finde – nur müsse ich erst die Schule abschließen und eine Berufsausbildung absolvieren. Denn nichts sei schlimmer als diese Akten tragenden 18-jährigen Funktionärstypen, die von nichts eine Ahnung hätten und überall mitreden würden. Nach dem Abitur absolvierte ich eine Ausbildung zur Hotelkauffrau. Der Umgang mit Fremdsprachen und Menschen machte mir dann so viel Spaß, dass ich Dolmetscherin werden wollte. Doch alle Pläne zerschlugen sich, als 1984 meine Mutter ums Leben kam. Mein Vater musste die – abgesehen von den Kriegsjahren – für ihn schwierigste Zeit seines Lebens meistern. Er brauchte den Rückhalt seiner Kinder. So veränderte sich auch mein Leben stark«, schildert Monika Hohlmeier den bisher traurigsten Abschnitt in ihrem Leben.

Den theoretischen Überbau für ihre heutige politische Arbeit hat sie sich dann im Lauf der Jahre großteils im Selbststudium oder mithilfe befreundeter Professoren und Fachexperten angeeignet. Im Grunde geht ihr ein Universitätsstudium bis heute nicht ab, wie sie glaubhaft versichert. Eines war für sie jedoch stets klar: »Dass ich kein Amt übernehme, solang mein Vater noch in der Politik aktiv ist. Er war eine allgegenwärtige politische Persönlichkeit, und egal, was wir Kinder in der Öffentlichkeit sagten – es wurde gegen ihn verwendet. Zudem reicht es, wenn einer in der Familie so einen Beruf hat. Damit hatten wir bereits genug zu tun«, meint die engagierte Ministerin, die heute auch stellvertretende CSU-Parteivorsitzende ist, ganz realistisch.

Politisch engagiert hat sich die Tochter des Ministerpräsidenten dann doch, wenn auch nicht in einem offiziellen Amt: Seit 1978 ist sie auch Mitglied der Jungen Union (JU), der Nachwuchsorganisation der CSU-Partei. Bereits mehrfach zu Lebzeiten ihres Vaters wurde sie gebeten, für ein politisches Mandat auf kommunaler oder landesweiter Ebene zu kandidieren. 1990, zwei Jahre nach dem Tod des Vaters, beschloss sie dann, für den Landtag anzutreten: »Meine Kinder waren erst ein und drei Jahre alt, und ich habe mit meinem Mann fast ein halbes Jahr lang diskutiert, ob ich diesen Schritt in die aktive Politik wagen soll. Ich erfülle meine Aufgaben immer mit vollem Einsatz, deshalb war es für mich keine Frage, dass ich auch solch ein Amt mit voller Kraft ausfüllen möchte, falls ich tatsächlich gewählt würde.« Die Entscheidung, diese Herausforderung anzunehmen, hat sie dann gemeinsam mit der Familie getroffen. »Mein innerer Zwiespalt war groß. Ich hing sehr an meinen kleinen Kindern und hatte Angst, plötzlich keine Zeit mehr für sie zu haben. An der Seite meines Vaters konnte ich mir meine Zeit relativ gut einteilen, war flexibel. Ich war zwar trotz der Kinder in dieser Zeit auch berufstätig, allerdings ehrenamtlich. So habe ich die Marianne-Strauß-Stiftung mit aufgebaut, mich in der Stiftung Pfennigparade und in der Multiple-Sklerose-Gesellschaft engagiert. Wenn nicht gerade Staatsgäste kamen, die meinen Zeitplan bestimmten, war ich eigentlich sehr unabhängig«, erinnert sie sich. Die Arbeit einer Landtagsabgeordneten erfordert einen bestimmten Rhythmus, der von Sitzungen und Terminen im Wahlkreis bzw. in ganz Bayern bestimmt ist. »Vor allem die vielen Abendtermine machten mir zu schaffen. Das war aber nur ein kleiner Vorgeschmack auf meine heutige Arbeit, die einerseits viele Herausforderungen bereithält, andererseits eine faszinierende Bandbreite widerspiegelt.« Den aktiven Einstieg in die Politik hat Monika Hohlmeier nie bereut, und sie freut sich auch über die Herausforderung, neben Sozialministerin Christa Stewens die einzige Ministerin im bayerischen Kabinett zu sein.

Wenn die Ehefrau Karriere macht (1993 wurde sie Staatssekretärin im Kultusministerium, seit 1998 bekleidet sie das Ministeramt), dann ist das für einen Mann nicht so einfach, wie man vielleicht glauben möchte. »Es gab auch bei uns immer wieder unsinnige bis beleidigende Fragen, ob mein Mann denn auch irgendetwas tue in Anbetracht einer ›so intelligenten Ehegattin‹. Aha, dachten wir uns, das Klischee schreibt nun den Pantoffelhelden vor, und da passte mein Mann so gar nicht hinein, denn er war beruflich engagiert und versiert«, resümiert Frau Hohlmeier. Der Prozess des Loslassens von der traditionellen Rollenverteilung (der Mann ist der Ernährer, die Frau kümmert sich um die Kinder) brachte auch für Michael Hohlmeier große Umstellungen mit sich. Das Paar hat nach einer ernsten Ehekrise 1993/94 wieder zueinander gefunden und die Rollen neu verteilt. Jeder gesteht dem anderen seinen Freiraum zu, seine eigenen Entfaltungsmöglichkeiten, die eigenen Erfolgserlebnisse. »Durch unsere beiderseitige starke berufliche Beanspruchung gab es halt Zeiten, in denen wir uns kaum sahen und keine Gelegenheit zum Gespräch fanden. Heute trifft jeder eigene Entscheidungen, die der andere akzeptiert. Zeiträume für das Miteinander werden ebenso fest eingeplant wie berufliche Verpflichtungen«, gibt Monika Hohlmeier Einblick in ihr Privatleben.

Der Beruf war für sie weniger Selbstverwirklichung, als etwas ganz Normales. »Meine Mutter hat immer gearbeitet, Arbeit war in unserer Familie stets eine Selbstverständlichkeit. Meine Mutter hat es mir vorgelebt, dass man sich beruflich engagieren und zugleich ein offenes Herz und Ohr für die Kinder besitzen kann. Das schließt sich nicht aus, man muss jedoch diszipliniert und organisiert sein, dann klappt vieles«, ist die zweifache Mutter überzeugt. Ganz vehement wehrt sie sich gegen Perfektionswahn: »Auch bei mir geht einiges schief! Die Leute meinen manchmal, ich hätte doch alles, von Mann über Kinder bis hin zu Haus und Karriere. Auch in meiner Familie gibt es Probleme, mit denen wir fertig werden müssen. Im Alltag werde ich zwar durch meine Hauswirtschafterin Tatjana entlastet, aber es gibt trotzdem noch genügend Aufgaben, die an mir als Mutter hängen bleiben!« Bei Problemen ist die Mama immer noch die allererste Ansprechpartnerin, und die ist ganz froh, »dass der Kontakt zu den Kindern so eng ist«. Für die Kinder ist es absolut normal, dass die Mama arbeitet. »Meine Kinder bereichern mein Leben in einem Maß, wie ich es mir früher nicht hätte vorstellen können. Meine Weiterentwicklung wäre ohne sie nie so groß gewesen, sie bringen mich auf Ideen, auf die ich gar nicht kommen würde! Kinder hinterfragen alles und stellen ungewöhnliche Fragen. Sie bringen manchmal lautstark die Gegenwart ins Haus, halten mich fit, dynamisch und immer am Puls der

Zeit«, schmunzelt die jugendlich wirkende Kultusministerin. Dass sie die Zuwendung und Zärtlichkeit ihrer beiden Kinder genießt, das verraten auch ihre glücklichen Gesichtszüge, wenn sie von den Erlebnissen mit ihren Kindern erzählt.

Der Tagesablauf ist genau festgelegt: Um 6.15 Uhr steht Monika Hohlmeier auf, anschließend ist eine Stunde Joggen oder Gymnastik angesagt. »Ich liebe Trampolinspringen. Mein Trampolin steht im Wohnzimmer unter dem Flügel, und wenn ich es zwei- bis dreimal pro Woche hervorziehe, bricht regelmäßig das Chaos im Haus Hohlmeier aus: Die Kinder spielen Klavier, der Hund bellt dazu und verausgabt sich erfolglos, um aufs Trampolin zu kommen. Ursprünglich habe ich mir das Ding als Therapie für eine Sehnenverletzung angeschafft. Inzwischen genieße ich das Durcheinander darum herum mindestens ebenso wie das Springen selbst!« Das Frühstück im Haus Hohlmeier wird immer gemeinsam eingenommen, »das ist oft unsere einzige gemeinsame Mahlzeit am Tag.« Auf dem Weg zur Schule (immerhin 20 Minuten mit dem Auto) fragt die Mama Vokabeln ab und hört sich die Sorgen und Erlebnisse ihrer Kinder an. Der Tag ist dann komplett ausgefüllt mit Terminen. Wenn sie es früh nach Hause schafft, dann ist es auch schon 20 Uhr. »Die gemeinsame Familienzeit abends und am Wochenende ist äußerst kostbar. Es ist keine Seltenheit, dass ich drei bis vier Abende pro Woche beruflich unterwegs bin. Wenn es ganz arg kommt, versuche ich, mir mal einen freien Tag zu nehmen. Aber ich weiß, mein Amt verlangt sowohl meinem Mann wie auch meinen Kindern einiges ab«, gesteht Frau Hohlmeier offen ein. Ab 18 Uhr ist der Papa für die Kinder die Ansprechperson, anschließend ist »fliegende Übergabe« zur Mama.

In ihrer knappen Freizeit engagiert sie sich noch für das Bayerische Rote Kreuz und die Marianne-Strauß-Stiftung. Sie ist in der Landespolitik sehr präsent und selbstverständlich auch ein Aushängeschild ihrer Partei. »Ich möchte vor allem jungen Frauen Mut machen, den Weg in eine verantwortungsvolle Position zu wagen. Und ich möchte auch Mut machen, sich für Kinder zu entscheiden.«

Unkonventionelle Wege gehen

Die Politikerin
Renate Schmidt

»Sieben Sachen gleichzeitig erledigen, perfekt organisieren, immer ein Stückchen vorausdenken und unkonventionelle Lösungen finden: Das habe ich alles durch meine Kinder gelernt!« Renate Schmidt, 58-jährige Vollblut-Politikerin und dreifache Mutter sowie dreifache Großmutter, weiß, wovon sie spricht. Die ausgebildete Systemanalytikerin hat ganz jung geheiratet, einen Vollzeitjob und Kinder gleichzeitig unter einen Hut bringen müssen und sich seit 1972 für die Sozialdemokratische Partei engagiert, deren stellvertretende Bundesvorsitzende sie ist.

Schwierige Situationen meistern, Verantwortung übernehmen und die richtigen Entscheidungen treffen – diese Fähigkeiten von Renate Schmidt ziehen sich wie ein roter Faden durch ihr Leben. Bereits mit 17 Jahren, in der zwölften Klasse des Gymnasiums, erwartete sie ihr erstes Kind. Knapp 18-jährig musste sie deshalb die Schule verlassen, weil sie ihr nach Ansicht der Direktorin Schande gebracht hätte. Der Freund, den sie auch heiratete, war gerade 20 Jahre jung. »Wir liebten uns, wollten sowieso heiraten und taten das dann auch. Wir beiden unerfahrenen jungen Leute hatten großes Glück. Die Mutter meines Mannes und meine Eltern standen ohne

Wenn und Aber zu uns, was damals keine Selbstverständlichkeit war«, dankt Renate Schmidt ihrer Familie im Rückblick. Da beide Eltern aber nicht reich waren und sie die zusätzliche Finanzierung einer kompletten jungen Familie überfordert hätte, musste also Geld verdient werden. »Mein Mann hatte Abitur, wollte und sollte studieren, und so hatte ich wiederum Glück, dass ich damals in den ganz neuen Beruf der Programmiererin hineinrutschte, in dem man mit Elektronenhirnen umzugehen hatte! Damals gab es noch kein Informatikstudium und auch keine geregelte andere Ausbildung«, erzählt die Politikerin, die in Hanau geboren wurde, in Coburg aufwuchs und heute in Nürnberg lebt. Als Schwangere erlebte sie etwas, was sie in heutiger Zeit für undenkbar hält: »Obwohl ich im fünften Monat schwanger war, bekam ich noch zwei Stellenangebote!«

Schon als junge Frau bewies sie Zähigkeit und Selbstbewusstsein: »Ich war die einzige Frau, die Jüngste in der neuen Abteilung und noch dazu schwanger. Meine männlichen Kollegen versuchten, mir nach Kräften und erfolglos den Beruf zu vermiesen. Sie dachten, das erledigt sich ganz von selbst, als ich in den Mutterschutz ging! Tat es aber nicht, und als ich Anfang 1962 nach vierzehn Wochen Babyzeit und zwei Wochen Urlaub wiederkam, war dies nahezu ein Skandal. Mütter mit Kleinstkindern hatten bei diesen daheim zu bleiben, taten sie es nicht, waren sie Rabenmütter«, schildert sie die Einstellung in den 60er-Jahren. Sie gibt zu, viel Glück gehabt zu haben, denn »auf unsere kleine Tochter hat die Urgroßmutter aufgepasst, die bei der Geburt 75, aber noch sehr rüstig war«. Im Jahr 1963 kam dann der erste Sohn zur Welt, um den sich ebenfalls die Urgroßmutter kümmerte. Mit zweieinhalb Jahren konnte die Tochter dann schon ganztags in den Betriebskindergarten gehen. »Das war ein Segen. Mann studierte, Frau programmierte, Uroma betreute, Großmütter halfen mit – so war für uns auch mal ein Kinobesuch und Kontakt mit Freunden möglich.«

Als 1970 der zweite Sohn zur Welt kam, stellte sich erneut die Frage: Wie geht es weiter? Die Uroma war inzwischen 84 und mit der Betreuung der Kinder endgültig überfordert. »Tagesmütter gab es damals keine. Ich arbeitete sowieso schon 45 Stunden pro Woche, musste in der Datenverarbeitung häufig Überstunden machen und war auch noch im Haushalt eingespannt. Praktisch sah das so aus: Abends fuhr ich erstmal heim. Dann spielten mein Mann Gerhard und ich mit den Kindern, die ich irgendwann ins Bett brachte. Anschließend richtete ich für uns beide das Abendessen und kehrte in den Betrieb zurück.« Irgendwann fing Renate Schmidt an, das zu ändern: »Als mein Mann, der gerade ein Praktikum in einem Architekturbüro absolvierte, mir lachend erzählte, er sei zum Chef bestellt worden und sei dort, weil ich ihm wieder einmal statt einer drei Bügelfalten in die Hose gebügelt hatte, die ganze Zeit mit der Hand auf dem Knie dagesessen, habe ich auch gelacht und ihm flugs gezeigt, wo Bügeleisen und Bügelbrett stehen. Ich habe demonstriert, wie man die Temperaturen einstellt, dass man auf die Hose ein feuchtes Tuch legen muss und habe seitdem, weil ich bügeln noch mehr hasse als Fensterputzen, nie mehr eine Hose oder ein Oberhemd gebügelt«, schmunzelt die 58-Jährige. Nicht alle Auseinandersetzungen über Hausarbeit seien so friedlich verlaufen wie diese. »Aber sie waren notwendig und haben mir zweierlei gebracht: gemeinsame Zeit mit meinem Mann und unseren Kindern, aber auch mehr Zeit für mich.«

Aufgrund eigener Erfahrung hat Renate Schmidt gleich zwei Ratschläge für andere Mütter mit Dreifachbelastung parat. »Die Klärung, wer welche Arbeit zu Hause und für die Familie übernimmt, sollte möglichst am Anfang der jungen Liebe stattfinden. Zu diesem Zeitpunkt ist sie erfolgreicher als nach 15 Jahren Ehe. Da funktioniert solch ein Lehrgang eher seltener. Zum Zweiten sollte man auch beim Ehemann erzieherisch vorgehen, wenn er Fenster putzt, ihn furchtbar loben, auch wenn überall Streifen sind. Loben, loben, loben – das ist ganz wichtig!« Renate Schmidt hatte mit diesem Weg guten Erfolg. Als Mutter mit zusätzlicher aushäusiger Erwerbstätigkeit sollte man ihrer Meinung nach auch nicht den Ehrgeiz entwickeln, »dass man dauernd vom Fußboden essen kann. Dafür hat man einen Tisch.« Ihr wurde klar, dass sie am Ende ihres Lebens den

Enkeln und Urenkeln wahrscheinlich weniger damit imponieren würde, dass sie »immer pünktlich ihre Hausordnung gemacht und die Fenster blitzblank gebügelt« habe. »Es ist sicherlich wichtiger, was man wirklich er-lebt hat mit der Familie oder allein«, meint sie mit Nachdruck. Nach dem dritten Kind sei das Betreuungsproblem größer geworden: Ihr Mann war inzwischen selbstständig, sie als Systemanalytikerin ebenfalls. Zwei Full-Time-Jobs, allerdings mit der Möglichkeit der freien Zeiteinteilung. »Wie so oft wählten wir den unkonventionellen Weg. Da mein Mann sich entschloss, nochmals ein Lehramtsstudium anzufangen, und ich mehr verdiente als er, wurde er 1974 Hausmann. Der Rollentausch war für die Schmidt-Kinder nichts Revolutionäres. »Als mein jüngster Sohn, Florian, mal von Mitschülern gesagt bekam, seine Mami sei ja nur selten da, hat er geantwortet: ›Bei uns ist halt alles umgekehrt – aber gut!‹ Das hat mich schon gefreut«, gibt Renate Schmidt ehrlich zu. Von der Umwelt wurde es nicht nur als unüblich, sondern »schon wieder einmal als skandalös angesehen«. Das Ansehen von Ehemann Gerhard wuchs erst, als Renate Schmidt 1980 in den Bundestag gewählt wurde und ihr Umfeld realisiert hat, dass Kinder und Haushalt trotz ihrer Abwesenheit nicht verwahrlosen. »Mein Mann hat noch unser erstes Enkelkind erlebt, über dessen Geburt wir uns beide sehr gefreut haben. Vor allem auch darüber, dass sich unsere Tochter für dieses Kind entschieden hat, obwohl der Vater nichts von ihm wissen wollte und sie und sein Kind total allein gelassen hat«, betont Frau Schmidt. Den viel zu frühen Tod ihres Mannes im Jahr 1984 bezeichnet sie als »das schmerzlichste Ereignis meines bisherigen Lebens«. Nach 26 Jahren Partnerschaft war sie plötzlich mit allem auf sich allein gestellt.

Um auch jetzt noch Familie und Bundestagsmandat miteinander vereinbaren zu können, haben alle mitgeholfen, bis 1991 mit dem Auszug des Jüngsten die »Familienphase« für Renate Schmidt endlich (»und auch mit einer gewissen Erleichterung«) zu Ende ging. »Familie ist natürlich nie zu Ende, und wenn alle versammelt sind, dann weiß ich, dass es stimmt, was ich einmal im Bundestag gesagt habe: Ich bin ein

Familientier.« Auf die Zwischenfrage eines CDU-Kollegen, was das denn sei, hatte sie damals geantwortet: »Das ist ein Mensch, der sich in der Familie so wohl fühlt, wie die Katze auf der Ofenbank.«

Für Renate Schmidt war und ist Ehe und Familie die richtige Lebensform. »Für mich bestand immer die Möglichkeit, Familie und Beruf miteinander zu vereinbaren. Es wäre für kein Familienmitglied gut gewesen, wenn ich ausschließlich Hausfrau und Mutter gewesen wäre. Dazu habe ich ein Übermaß an Energie!«, versichert sie glaubhaft. Die Familienpolitik ist denn auch ihr großes Anliegen. »Wir alle brauchen Familien, weil wir ohne Kinder keine Zukunft haben. Eine zukunftsorientierte Familienpolitik, zu der familienfreundliche Arbeitszeiten, engagierte Väter, ausreichend Kinderbetreuungseinrichtungen und Unterstützung durch ein familiäres Netzwerk zählen, liegt mir sehr am Herzen.« Renate Schmidt zollt ausdrücklich allen Frauen und Paaren, die bewusst kinderlos geblieben sind oder keine bekommen konnten, Respekt. »Ich wollte immer Kinder haben und hatte das Glück, auch eine glückliche Familie zu bekommen!«

Seit 1998 ist Renate Schmidt in zweiter Ehe verheiratet. Ihr Ehemann Hasso von Henninges ist Sozialwissenschaftler und Kunstmaler. Sie selbst malt in freien Stunden, die allerdings nur dünn gesät sind, ebenfalls. Gemäß ihrer Devise »Vorausdenken, auch wenn manches noch nicht populär ist, die Probleme von morgen erkennen und anpacken!« gewinnt die engagierte Politikerin sowohl als Bundestagsabgeordnete wie auch seit 1994 als Landtagsabgeordnete die Sympathie der Bürger. Von 1990 bis 1994 ist sie Vizepräsidentin des Deutschen Bundestages, 1991 wird sie von der bayerischen SPD zur Landesvorsitzenden gewählt. Im September 2000 tritt sie sowohl von ihrem Amt als bayerische SPD-Landesvorsitzende als auch von dem der Landtagsfraktionsvorsitzenden zurück, um mehr Zeit für ihr Privatleben zu haben. Heute ist die mehrfach mit Auszeichnungen bedachte Politikerin eine der fünf stellvertretenden SPD-Bundesvorsitzenden und oft zu Terminen und politischen Verpflichtungen unterwegs. Der Alltag einer Spitzenpolitikerin verlangt Organisationstalent, Kompetenz, Überzeugungskraft und ständigen Einsatz. »Privat kann ich aber hervorragend abschalten und entspannen. Mit einem guten Buch, beim Pilzesammeln im Wald oder beim Kochen. Außerdem interessiere ich mich sehr für Kunst, und meine Familie hat natürlich oberste Priorität. Wenn meine Enkel zu Besuch kommen, stehen sie im Mittelpunkt«, sagt Frau Schmidt.

Müttern gibt sie den Rat, »ihren Kindern etwas zuzutrauen und sie zur Selbstständigkeit zu erziehen«. Sie hatte nie den Eindruck, dass ihren eigenen Kindern durch ihre Berufstätigkeit etwas gefehlt habe. »Ich hatte eine prima Schwiegermutter, eine tolle Mutter und eine verlässliche Oma. Deshalb hatte ich auch nie ein schlechtes Gewissen. Sicherlich, manchmal hätte ich mir schon eine Teilzeitstelle gewünscht. Aber so wie es war, war es schon gut«, formuliert sie ihren Balanceakt zwischen Familie und Karriere. Sie möchte auch Akademikerinnen »Lust aufs Kinderkriegen machen« und findet es gut, dass man neuerdings (ab 2002) Kinderbetreuungskosten von der Steuer absetzen kann, wenn sie erwerbsbedingt (also einem allein erziehenden Elternteil oder einem berufstätigen Ehepaar) entstehen.

(In diesen Text ist ein Beitrag von Renate Schmidt eingearbeitet, der aus ihrem Buch »S.O.S. – Familie« stammt, das im Frühjahr 2002 bei Rowohlt erscheint).

Frauenpower in der Chefetage?

*Es ist wahrscheinlicher,
dass eine Frau vom Blitz erschlagen wird,
als dass sie in den Vorstand
eines deutschen Unternehmens aufsteigt.*

Meine Erfahrungen, die ich aus zwölf Jahren erfolgreichem Berufsleben resümieren und an andere Frauen weitergeben möchte, sind natürlich sehr persönlich, aber dennoch sicherlich kaum weniger exemplarisch. Ich beschränke mich auf Erlebnisse, die mir als besonders wichtig und markant in Erinnerung geblieben sind. Doch über eines muss sich jede Frau im Klaren sein: Sobald sie die Karriereleiter nach oben steigen möchte und höhere Posten in der Hierarchie der Arbeits- und Berufswelt anstrebt, wird sie Tag für Tag mit der Tatsache konfrontiert, dass sie eine Frau ist. Sie ist dann nicht mehr »Gleiche unter Gleichen«, die Luft wird zusehends männlicher. Gerade in höheren Etagen ist die Arbeitswelt eine fast reine Männergesellschaft, von der die gültigen Abläufe erdacht und festgelegt werden. So gut wie nie sieht man sich einer gleichrangigen Frau gegenüber. Selbst verheiratete Frauen ohne Kinder zählen in Führungspositionen zur Minderheit, und eine Mutter ist eine wahre Exotin.

✪ Eine Frau als Vorstand

Männer sind es im Allgemeinen nicht gewohnt, sich mit einer gleichberechtigten Kollegin auseinander setzen zu müssen, und fühlen sich durch eine solche Situation herausgefordert. Und das fällt vielen nicht leicht, denn sie haben keine große Erfahrung in dieser Disziplin! Oft wollen Männer den Frauen imponieren – bei gleichberechtigten ist das natürlich schwieriger. Ich habe immer wieder festgestellt, dass es nach wie vor die Aufgabe von Frauen ist, solche Situationen zu entkrampfen. Als Mütter sind wir ohnehin Meister darin, für eine angenehme Atmosphäre zu sorgen.

Ich hatte den Vorteil, dass ich bereits zu Beginn meines Berufslebens in Deutschland Mutter einer Tochter war. Ich stand immer dazu, Kinder zu haben, und betonte auch stets den hohen Stellenwert, den meine Töchter in meinem Leben einnehmen. Natürlich lautete die Standardfrage, die mir während meiner gesamten Laufbahn immer und immer wieder gestellt wurde – und das sogar noch, als ich schon Vorstand bei EM.TV war: »Und wer passt auf Ihre Kinder auf, wenn Sie den ganzen Tag arbeiten?« Der leise oder auch weniger leise Vorwurf, der in dieser Frage steckt, birgt eine Gefahr: Sollte man bis jetzt noch kein schlechtes Gewissen gehabt haben, so schleicht sich dieses, wenn man eine solche Frage so oft hört, doch unterschwellig ein. Ich habe versucht, mich dagegen zu wehren. Es war dabei äußerst hilfreich für mich, mir stets von Neuem klar zu machen, dass sich keiner meiner männlichen Vorstandskollegen zu diesem Thema rechtfertigen musste.

Pikanterweise war die erste Reaktion eines Kollegen, als ich mich selbst bei der Besetzung des Vorstandspostens ins Spiel brachte: »Eine Frau kann nicht Vorstand werden.« Ohne weitere Begründung! Auf meine ebenso schlichte Gegenfrage »Und warum nicht?«, der ich viele sachliche Argumente hinterherschickte, warum doch, wurde ihm klar, dass seiner instinktiven Reaktion eigentlich jegliche rationale Grundlage fehlte. Da hatte man nun außerhalb der Firma einen Kandidaten gesucht und gar nicht an mich gedacht, nur weil ich Kinder habe. Natürlich kam dann bei dem Gespräch mit dem Aufsichtsrat – wie könnte es auch anders sein – zuerst die Frage: »Und was machen Sie dann mit Ihren Kindern?« Ich habe wahrheitsgemäß geantwortet, dass diese bei mir stets erste Priorität genießen, aber dass ich mich trotzdem dieser neuen Herausforderung mit vollem Engagement stellen werde.

Ich habe also nicht – und wie das obige Beispiel zeigt, lang und vergeblich – gewartet, bis meine Leistungen von anderen »entdeckt« wurden, sondern mich für diese Position beworben – und ich wurde akzeptiert.

Eine Frau soll Ansprüche anmelden!

Jede Frau sollte sich trauen, ihre Ansprüche anzumelden, wenn sie beruflich aufsteigen möchte. Sie sollte sich auch nicht von Argumenten wie »das geht nicht« oder »eine Frau kann das nicht« aus dem Konzept bringen lassen. Denn wie schon Hermann Hesse sagt: »Man muss das Unmögliche versuchen, um das Mögliche zu erreichen.« Gute Gelegenheiten können natürlich nicht geplant oder erzwungen werden, niemand kann das, auch Männer nicht, aber wenn sie da sind, muss man den Mut haben, sie beim Schopf zu packen. Auch hier sind Mütter im Vorteil: Wir haben im Umgang mit unseren Familien gelernt, Geduld zu üben, denn Verbissenheit führt selten zum Ziel. Und sollte es mit einem Karrieresprung nicht klappen, so kann man sich selbst damit trösten: Wenn es das nicht war, dann kommt etwas Besseres nach. Dieses Argument führt zumindest dazu, sich danach wohler zu fühlen.

Oben angelangt

Nun war ich also an der Spitze, war Mitglied des Vorstands von EM.TV, eine Frau allein unter Männern. Und siehe da, mein Leben gestaltete sich gar nicht so schwierig, wie manch eine(r) das annehmen möchte. Ich muss allerdings vorausschicken, dass ich immer gern mit Männern zusammengearbeitet habe und als Frau im Berufsleben nie aktiv diskriminiert wurde. Bei meinen Mentoren handelte es sich immer um Männer, was sicherlich daran lag, dass ich bei meinem beruflichen Aufstieg einfach keinen Frauen in Führungspositionen begegnet bin. Ich bin auch weit davon entfernt, zu behaupten, Männer seien die Feinde auf dem Karriereweg der Frauen. Es ist nur so, dass sich die Herren erst langsam an das Vorhandensein von Frauen, und vor allem

von Müttern, in der Managementebene gewöhnen müssen. Es reicht nicht aus, diese Tatsache zu beklagen, sondern wir müssen bei diesem Umstellungsprozess der Männer aktiv und selbstbewusst mithelfen!

Frau sein – Frau bleiben

Wie nun sollen sich Managerinnen und solche, die es werden wollen, in dieser Männerwelt verhalten? Meiner Erfahrung nach – und das klingt vielleicht banal, ist aber eine entscheidende Strategie – so natürlich wie möglich. Denn man kann sich ohnehin nicht ständig verstellen. Ich habe immer darauf geachtet, keine falschen Signale auszusenden. Weder habe ich mich als Weibchen mit den charakteristischen Attributen präsentiert, noch als »halber« Mann mit Nadelstreifenanzug und Krawatte. Auch eine Frau hat es nicht nötig, die Firma abends oder gar nachts als Letzte zu verlassen. Es empfiehlt sich auch nicht unbedingt, die Superfeministin herauszukehren. Denn mit Sicherheit werden manchmal auch frauenfeindliche Sprüche fallen. Seien Sie so souverän, diese nicht gleich als persönliche Angriffe zu werten. Denn – wie gesagt – die Männer sind Managerinnen noch nicht gewöhnt. Und wenn nach Feierabend noch eine gemeinsame Kneipentour angesagt war, habe ich mich nach einiger Zeit abgeseilt, zur Not mussten Kopfschmerzen herhalten. Ich finde es nämlich durchaus legitim, dass die Männer auch mal unter sich sein wollen. Auch Frauen genießen es doch, ab und zu mal zusammenzusitzen und ohne männliche Zuhörer genüsslich über Kosmetiktipps oder Klamotten zu plaudern.

Ich finde es wunderbar, eine Frau zu sein und habe meine Weiblichkeit auch nie verborgen, ohne dies jedoch im Berufsleben – vor allem, wenn ich mit Männern zu tun habe – ständig einzusetzen.

Meine Kollegen haben sich schnell daran gewöhnt, mit einer Frau zusammenzuarbeiten, und mich als kompetente Mitarbeiterin akzeptiert. Und in den Vorstandssitzungen selbst? Ich kann darüber natürlich nur aus zweiter Hand berichten, denn ich kann ja nicht wissen, wie eine solche Sitzung abläuft, wenn ich nicht dabei bin. Aber ich habe schon vielfach gehört, dass Meetings in Anwesenheit von Frauen anders verlaufen. Es herrscht ein freundlicherer Ton, auch unter den Männern, und bei kontroversen Diskussionen eine bessere Streitkultur.

Eine befreundete Anwältin erzählte mir einmal, dass sie von ihrem Mentor den Tipp erhalten habe, während Sitzungen niemals das Telefon abzunehmen oder Kaffee auszuschenken, da sie auf diese Weise unweigerlich ins Rollenklischee Frau und Dienende abgedrängt werde. Ich sehe das völlig anders und bin der Meinung, wir sollten als Frauen souverän genug sein,

um über diesen Dingen zu stehen. Ich habe sehr wohl bei Meetings anderen auch mal Kaffee eingeschenkt, wenn es sich gerade ergab. Meine Devise war eher, mich stets so pragmatisch wie möglich zu verhalten, anstatt auf bestimmten Prinzipien herumzureiten. Natürlich muss man ein feines Gespür dafür haben, was in einer Situation angebracht ist, und dabei leistet die viel gepriesene »weibliche Intuition« ganz unschätzbare Dienste! Und mal unter uns gesagt, was wirkt in manchen Situationen schon souveräner, als ein kluges Argument in die Sachdiskussion einzubringen und dabei so ganz nebenbei auch noch Kaffee einzuschenken? Das nenne ich hohe Kunst!

Die lieben Kolleginnen

Eine Managerin bewegt sich nicht nur unter männlichen, gleichrangigen Kollegen. Sie ist auch Vorgesetzte vieler Frauen, und eine Chefin unterscheidet sich natürlich von einem Chef: Von Anfang an schrieb man mir automatisch höhere soziale Kompetenzen zu, und die Lösung zwischenmenschlicher Probleme unter den Kollegen oder schwierigere Fragen in puncto Personalführung wurden vorrangig mir übertragen. Denn Frauen, vor allem Mütter, gelten naturgemäß als kompetenter, wenn es um die kommunikativen Aspekte des Arbeitslebens geht.

Eine Frau als Führungsperson hat weit mehr Möglichkeiten, zu Kollegen auf allen Ebenen freundschaftliche Beziehungen aufzubauen, während man von Männern mehr Distanz erwartet. Sie laufen ansonsten leicht Gefahr, in ein schiefes Licht zu geraten. Frauen dagegen tauschen auch im beruflichen, sachlichen Gespräch mehr persönliche Informationen aus.

Wenn es um das Verhältnis einer Chefin zu den weiblichen Mitgliedern ihres Teams geht, denkt man einerseits an Solidarität unter Frauen, andererseits aber auch an »Stutenbissigkeit«. Natürlich habe auch ich hier einige schlechte Erfahrungen gemacht, ist es auch mir passiert, dass eine Kollegin das gegenseitige Vertrauen missbraucht und ausgetauschte persönliche Informationen gegen mich verwendet hat.

Doch es überwiegen bei weitem die positiven Erfahrungen. Wesentlich öfter habe ich Solidarität unter Frauen erlebt als Eifersucht und Intrigen. Man darf nicht vergessen, dass es auch unter Karrierefrauen zwei Sorten gibt: solche, die andere Frauen fördern, sie an ihren Erfahrungen teilhaben lassen und nicht nur für sich, sondern auch für andere kämpfen, und solche, die sich sagen, ich hatte es selbst so schwer, eine solche Position zu erreichen, warum sollen es andere leichter haben? Und Letztere sind dann vielfach die gefürchteten Chefinnen.

❂ Mitarbeiter führen – immer noch Männersache?

Wir haben es also tatsächlich geschafft, wir stehen wieder im Berufsleben. Aber wir betrachten unsere Arbeit nicht bloß als Job, unser Ziel ist vielmehr, darin Erfüllung zu finden und Erfolg zu haben. Was jede einzelne Frau unter Erfolg versteht, ist sicherlich individuell ganz verschieden. Erfolgreich fühlen sich Frauen, die zufrieden sind in ihrem Beruf. Ausschlaggebend kann da der Luxus einer flexiblen Arbeitszeiteinteilung sein oder aber auch eine Position, zu der Verantwortung und die Führung von Mitarbeitern gehört. Einer Umfrage des »Wall Street Journal« zufolge herrscht in ganz Europa Einigkeit unter Managerinnen: Die Zufriedenheit im Job zählt mehr als faire Bezahlung oder Beförderung.

Wie gut müssen Frauen sein?

Viele Frauen streben in ihrem Beruf nach oben, und Ehrgeiz sollte bei ihnen gleichermaßen legitim sein wie bei Männern. Aber Frauen, die Karriere machen wollen, werden wesentlich kritischer betrachtet als Männer. Stimmt es etwa immer noch, wie die US-Schriftstellerin Fannie Hurst es einmal formulierte, dass Frauen doppelt so gut sein müssen wie Männer, um es halb so weit zu bringen? Unserer Meinung nach: Ja – denn nach wie vor stellen Frauen in Führungspositionen eine Minderheit dar.

Um das zu verdeutlichen, bemühen wir noch einmal die Statistiken: In den 21 111 deutschen Unternehmensvorständen gab es im Jahr 2000 weniger als vier Prozent Frauen, und bei den DAX-Unternehmen war keine einzige Frau im Vorstand. Keines der 100 größten deutschen Unternehmen wird von einer Chefin geführt. Im Vergleich dazu: Laut einer Studie von »Manager Magazin« sind 42 Prozent der Erwerbstätigen in Deutschland weiblich. Im höheren Dienst der obersten Bundesbehörden sind weniger als zwei Prozent der Abteilungsleiter Frauen.

Dabei brauchen wir Frauen uns keineswegs zu verstecken: Wir haben gute Abschlüsse, sind ebenso gebildet wie die Männer und als Mütter bestens gerüstet für den Kampf um eine höhere Position. Außerdem hat sich das Bild der erfolgreichen Businessfrau in der letzten Zeit deutlich gewandelt – es gilt geradezu als »sexy«, im Beruf erfolgreich zu sein.

Trommeln ist wichtig

Nur, wir Frauen sind noch immer viel zu leise. Zu Bescheidenheit und Zurückhaltung erzogen, ist es für uns tabu, über unsere Stärken und unser Können zu sprechen, geschweige denn stolz darauf zu sein. Sogar erfolgreiche Frauen sagen: »Ich hatte Glück.« Aber nur wer trommelt, findet auch Gehör. Es ist mit Sicherheit falsch, darauf zu warten, dass unsere Potenziale eines Tages entdeckt und

wir – wie einst Dornröschen – wachgeküsst werden. Es besteht nämlich die Gefahr, dass sich niemand die Mühe macht, uns zu entdecken, und stattdessen alle anderen an uns vorbei die Karriereleiter hinaufklettern. Wenn Sie denn schon unbedingt bescheiden sein wollen, dann beschränken Sie das auf Ihr Privatleben. Im Berufsleben gilt eindeutig das Motto: »Bescheidenheit ist eine Zier, doch weiter kommt man ohne ihr.«

Es geht hier natürlich nicht darum, zu blenden oder sich auf einen unlauteren Wettbewerb einzulassen, sondern um eine adäquate Darstellung unserer Erfolge. Sie brauchen sich nicht unbehaglich zu fühlen, wenn Sie dafür sorgen, dass Ihre Vorgesetzten auch erfahren, wie gut Sie ein Projekt abgewickelt oder eine Aufgabe erledigt haben. Ihre männlichen Kollegen würden das mit Sicherheit tun. Sie gehen eher unkompliziert und deshalb sehr schlagkräftig vor, nehmen ein Ziel ins Visier und steuern dieses dann unbeirrt und geradlinig an. Dabei konzentrieren sie sich auf ihre Stärken und sorgen dafür, dass diese auch von anderen zur Kenntnis genommen werden.

Das Team gewinnt

Um Missverständnissen vorzubeugen: Wir rufen hier nicht zum Kampf gegen die Männer auf. Wir behaupten auch keineswegs, dass Frauen und Männer gleich sind und identische Voraussetzungen für eine Karriere mitbringen. Das schlagkräftigste Team ist mit Sicherheit das, in dem sich Männer und Frauen gut ergänzen und eine gesunde Mischung von männlichen und weiblichen Stärken nebeneinander existiert.

Männer und Frauen sind nicht gleich, aber Männer sind auch nicht begabter oder kompetenter als Frauen. Unternehmen müssen für die Zukunft Strategien entwickeln, wie sie Männer und Frauen gleichberechtigt und entsprechend ihrer jeweiligen Qualitäten für Führungspositionen fördern können. Der schwedische Wissenschaftler Birger P. Priddat spricht in diesem Zusammenhang von »Diversity Management«: »Männer und Frauen werden unterschiedlich entwickelt, weil sie unterschiedliche Fähigkeiten mitbringen und von ihrer Biografie her unterschiedliche Forderungen stellen. Es geht nicht mehr um Gleichstellung, sondern um kompetenzgerechte Unterscheidungen.«

Welche speziellen Fähigkeiten Mütter entwickelt haben, die sie für Managementposten geradezu prädestinieren, darüber haben Sie in diesem Buch schon einiges gehört. Aber wir wissen ebenfalls, dass es – wie auch in der Kindererziehung – keinen allgemein gültigen Weg gibt, um ans Ziel zu gelangen. Unser Vorteil ist es, dass wir von unseren Kindern gelernt haben, geduldig und beharrlich zu sein und

auch einmal unkonventionelle Wege zu gehen. Noch ist es nicht so weit, dass die Unternehmen auf uns als Hoffnungsträger geradezu warten, aber die Zeichen weisen in diese Richtung. Die Firmen werden über kurz oder lang wegen des Mangels an Fachkräften auf gut ausgebildete Mütter, die in den Beruf zurückkehren wollen, angewiesen sein, nicht nur als Beschäftigte im unteren Lohnbereich, sondern vor allem, wenn sie guten Führungsnachwuchs rekrutieren wollen. »Dann aber werden Mütter, die neben der Berufstätigkeit ihre Kinder großgezogen haben, zu gefragten Nachwuchsmanagern – und zwar Frauen in dem Alter, in dem Männer erste Krisensymptome bekommen«, sagt Birger P. Priddat.

Von den Männern lernen

Auch wenn es nicht den einzig wahren Weg zur Führungsposition gibt, so lohnt es sich doch, den Männern ein wenig über die Schulter zu schauen, um etwas von ihren Strategien zu lernen. Da im Spiel um die Macht bislang die Männer die Regeln geschrieben haben, sollten wir uns mit diesen Regeln ebenfalls vertraut machen. Denn bei allem Stolz auf unsere mütterlichen Kompetenzen müssen wir auch eingestehen, dass es Dinge gibt, die wir Frauen nicht so gut können.

Frauen nutzen beispielsweise ihre Kommunikationsstärke nicht für sich selbst. Wenn sie sprechen, sind sie, im Gegensatz zu Männern, unbewusst stets darauf bedacht, emotionalen Kontakt zum Gesprächspartner aufzunehmen, mit ihm zu einer Übereinstimmung zu kommen und für Harmonie zu sorgen. Dabei kann es leicht passieren, dass Fakten nicht eindeutig und unmissverständlich dargestellt werden. Während Männer sagen, eine Tatsache verhält sich so und nicht anders, hört es sich bei Frauen so an, dass eine Tatsache sich ihrer Meinung nach vielleicht so und so verhalten könnte. In der weiblichen Formulierung steckt dadurch wesentlich weniger Überzeugungskraft, ein möglicher Irrtum ist stets impliziert.

Oft wird geklagt, dass Männer und Frauen einander niemals verstehen werden, weil sie eine völlig unterschiedliche Sprache sprechen. Hierzu ein ganz einfaches und gutes Beispiel, das einem Rhetorikseminar entstammt: Wir nehmen den schlichten Satz »Es ist kein Bier mehr im Kühlschrank.« Was im Gehirn des Mannes nach Analyse, Interpretation und Wertung dieser Aussage ankommt, lautet: »Es ist kein Bier mehr im Kühlschrank.« Beim weiblichen Gehirn kommt es so an: »Warum sagt er das so vorwurfsvoll? Er kann sich sein Bier doch wohl selbst holen, ich bin doch nicht dafür zuständig, dass immer Bier im Kühlschrank ist. Außerdem hatte ich gestern wohl genug zu tun ...«

Kommunikation – die Basis der Verständigung

Wir hoffen nicht, dass Männer und Frauen niemals eine gemeinsame Sprache finden werden. In der Businesswelt jedenfalls müssen sie es. Frauen sollten erkennen, dass ihr Talent zur Kommunikation ihnen zwar entscheidende Vorteile bringen kann, wenn es aber um die Darstellung von Standpunkten oder um Präsentationen geht, die männliche Sprache eindeutig vorzuziehen ist. Leider sind Frauen im Allgemeinen keine guten Rednerinnen, dafür sind sie eben meistens zu bescheiden – doch je höher die Position, desto wichtiger wird das gesprochene Wort. Aber nicht gleich den Mut verlieren, es gibt genügend Rhetorikseminare, die angehenden Managerinnen in dieser Hinsicht auf die Sprünge helfen können. Und eine gute Rednerin zu sein, ist für den beruflichen Aufstieg eine Conditio sine qua non!

Strategie und Analyse zählen ebenfalls nicht gerade zu den Stärken von Frauen, da haben sie im Vergleich zu Männern noch einigen Nachholbedarf. Diese Schwäche mag daran liegen, dass Frauen unsicherer sind als Männer, sich weniger zutrauen, sich übermäßig selbstkritisch sehen und deshalb leicht vor größerer Verantwortung zurückschrecken. An neue, schwierige Aufgaben gehen sie deshalb oftmals viel zu verzagt und planlos heran, anstatt nüchtern die Aufgaben, Anforderungen und Resourcen zu ermitteln, strategisch zu planen und vor allem dann später auch an Mitarbeiter zu delegieren.

Auf die Ausbildung kommt es an

Die Ausbildung ist der nächste Punkt, bei dem die Männer manchmal die Nase vorn haben. Damit wir uns nicht falsch verstehen, wir sagen nicht, dass Männer die *bessere* Ausbildung haben, sie haben ganz einfach meist die *richtigere* Ausbildung. Nach wie vor rekrutieren Unternehmen ihren Führungsnachwuchs am liebsten aus dem technischen oder betriebswirtschaftlichen Sektor. Frauen kommen zum Großteil aus dem geisteswissenschaftlichen Bereich. Bei der Berufs- und Studienwahl sollten junge Frauen also nicht davor zurückschrecken, sich auch an traditionelle Männerdomänen heranzuwagen.

Zum Schluss noch ein Wort zum lieben Geld: Leider ist es nach wie vor eine Tatsache, dass Frauen weniger verdienen als Männer. Die Gründe dafür liegen zum einen darin, dass Frauen einen hohen Anteil in den Berufen der unteren Lohn- und Gehaltsgruppen stellen, zum anderen, dass sie ihre Erwerbstätigkeit häufiger unterbrechen und dadurch meist eine kürzere Betriebszugehörigkeit aufweisen. Außerdem können sie aufgrund ihrer familiären Pflichten in der Regel weniger Überstunden leisten als Männer.

Daher sollten vor allem Frauen in höheren Positionen, die gleichwertige Qualifikationen wie Männer erworben haben, unbedingt darauf achten, sich nicht unter Wert zu verkaufen, auch wenn es ihnen schwer fällt, über Geld zu sprechen oder hartnäckig übers Gehalt zu verhandeln. Ihre männlichen Kollegen haben nämlich in der Regel keine Probleme damit.

Doch auch wenn wir uns, selbstkritisch wie die meisten Frauen nun einmal sind, all unsere Schwächen einzeln vor Augen führen, ist das noch lang kein Grund zum Verzweifeln! Wir dürfen uns ruhig auch hin und wieder eingestehen, dass wir *etwas nicht* können. Das ist auf jeden Fall sinnvoller und hilfreicher, als die Augen davor zu verschließen. Nehmen Sie doch dann aber auch zur Abwechslung einmal die Männer genauer unter die Lupe: Sie können ebenfalls so vieles nicht und haben es trotzdem so weit gebracht! Ein Allroundgenie zu sein gehört nicht zu den unabdingbaren Grundvoraussetzungen für eine berufliche Karriere. Doch zu einer realistischen Einschätzung und Nutzbarmachung der eigenen Stärken gehört eben nicht zuletzt auch ein klares Ausfindigmachen der persönlichen Schwachstellen. Wer seine Schwächen kennt und sich als Reaktion darauf umso mehr auf seine Stärken konzentriert, hat viel von den Männern gelernt – und sich zum gleichwertigen Sparringspartner entwickelt.

**Die Chefredakteurin
Patricia Riekel**

Journalistin mit viel Herzblut

»Mütter sind die besseren Manager. Sie machen genau das, was wir von Managern erwarten – sie fördern, hören zu, vermitteln, das Kind steht im Vordergrund, sie selbst treten zurück. Manager motivieren, beflügeln, erkennen Fähigkeiten, hören zu und nehmen sich selbst zurück.« Patricia Riekel, erfolgreiche Chefredakteurin der Zeitschrift »Bunte«, dem wichtigsten People-Magazin Deutschlands, und der monatlich erscheinenden »In Style« lässt gleich zu Beginn des Interviews keinen Zweifel daran, dass auch sie das Schwerpunktthema des Buchs unterstützt. Theoretisch, denn »leider funktioniert die Arbeitswelt nicht so«.

Wo liegt das Problem? Warum geht diese wunderbare Gleichung nicht auf? »Frauen sind fleißig, talentiert, intelligent und einfühlsam. Aber sie sind auch anarchisch, weniger anpassungsfähig, rebellischer, individueller.« Obwohl das alles sehr positive Eigenschaften sind, gereichen sie den Frauen für den Aufstieg ins höhere Management offenbar zum Nachteil. Patricia Riekel führt 120 Mitarbeiter bei den Zeitschriften »Bunte« und »In Style«. Und obwohl sie wegen der entspannten Atmosphäre besonders gern mit Frauen zusammenarbeitet, kämen davon ihrer Meinung nach nicht mehr als fünf für das obere Management infrage. Sie beobachtet bei Männern und Frauen unterschiedliche Prioritäten im Leben. »Für Frauen sind Gefühle sehr wichtig, für ihr Kind, ihren Mann, ihr Pferd. Wenn Frauen emotionale Probleme haben, wollen sie sie ausleben, wenn Männer Zoff haben, wollen sie sofort wieder arbeiten. Frauen sind in der Regel nicht bereit, für den Beruf auf alles zu verzichten, sie wollen in erster Linie glücklich sein. Der Mann findet seine Erfüllung im Beruf.«

Patricia Riekel wurde 1949 in Tutzing am Starnberger See geboren und wuchs zusammen mit drei Geschwistern in einem kulturell orientierten Elternhaus »im geistigen Reichtum« auf. Den Vater, einen berühmten Bühnen- und Filmautor, erlebte sie immer schreibend, beim Mittagessen wurde Goethe zitiert. Auch die kleine Patricia hat geschrieben, kurze Geschichten und Gedichte. Und sie hat »im Gehen und Stehen gelesen«. Ihre Zukunft hat Patricia sich in ihrer Fantasie so ausgemalt: schreibend, mit rauchendem Kopf, in einem Haus mit vielen Büchern, Kindern, Tieren und dazu einem »nebulösen« Mann.

Etliches davon ist eingetreten. Die erfolgreiche Chefredakteurin hat das Schreiben zu ihrem Beruf gemacht, durch die Räume streichen zwei Katzen und ein Hund – nur Kinder, wie sich Patricia Riekel das früher einmal ausgemalt hat, fehlen in dem Bild. Erst in der zweiten Lebenshälfte ist sie mit ihrer großen Liebe, dem Focus-Chefredakteur Helmut Markwort, zusammengezogen. »Ich bedaure es, keine Kinder gehabt zu haben, obwohl ich mir heute nicht vorstellen kann, wie ein Leben mit Kindern gewesen wäre. Als ich 20 war, waren Kinder für mich kein Thema, ich wollte unabhängig sein, allein verreisen, nach Indien fahren. Anfang 30, als ich nach einer kurzen Ehe meinen heutigen Lebenspartner kennen lernte, war er nicht frei. Es wäre damals sehr schwer für mich gewesen, ohne Partner ein Kind großzuziehen, allein schon wegen der finanziellen Situation. Ende 30 stimmten alle äußeren Umstände, aber da kamen keine Kinder mehr. Eine Entscheidung zwischen Kind und Karriere wäre für mich wahrscheinlich auch eine Entscheidung zwischen Kind und Mann gewesen, denn mein Lebensgefährte ist sehr anspruchsvoll. Ich weiß nicht, ob ich beiden, Kind und Mann, gerecht geworden wäre. Ich will nicht sagen, dass ich traurig darüber bin, keine Kinder zu haben. Ich kann mich heute ungebremst um junge Frauen kümmern, für die ich manchmal wie eine Mutter bin.«

Obwohl Patricia Riekel in einer Welt von Büchern aufwuchs, war sie – und diese Beichte soll geplagten Eltern als Trost dienen – keine gute Schülerin. Ihren Weg zum Erfolg ging sie jedoch sehr zielstrebig. Nach der Schule begann sie eine Lehre bei einem Buchverlag, der sich bald ein Volontariat beim »Münchner Merkur« anschloss. Wissbegierig und aufgeschlossen wie sie war, lernte sie schnell und eignete sich das Journalistenhandwerk von der Pike auf an. »Ich war unglaublich stolz darauf, bei einer Feuerwehrhauptversammlung dabei sein zu dürfen.« Nach ihrer Ausbildung arbeitete Patricia Riekel als Redakteurin bei der »Augsburger Allgemeinen Zeitung«, bei der Zeitschrift »Quick« und bei dem Frauenmagazin »freundin«.

Mit 29 Jahren begann sie, sich in der Redaktionsarbeit unfrei zu fühlen. Sie wagte den Schritt in die Selbstständigkeit und schrieb zehn Jahre lang als freie Journalistin Serien, Horoskope und Artikel über Partnerschaft oder Psychologie für zahlreiche renommierte Zeitschriften wie »freundin«, »Cosmopolitan«, »Elle« oder »Für Sie«. »Man darf nicht denken, dass dieser Schritt weniger Einsatz bedurfte, besonders, wenn man den Anspruch an sich selbst hat, notfalls hundertmal nach dem besten ersten Satz zu suchen.« Patricia Riekel spricht oft über die Einsamkeit des freien Journalisten und legt deshalb heute als Chefredakteurin Wert darauf, der Empfindlichkeit der freien Autoren mit Respekt zu begegnen, denn »ein leidenschaftlicher Artikel ist ein Teil seiner Seele«.

Sie begann, regelmäßig für »die aktuelle« zu schreiben, brachte es bis zur stellvertretenden Chefredakteurin. Und als die Position des Chefredakteurs frei wurde, bewarb sie sich. Als ob sie sich selbst überzeugen müsste, hat sie fünf rationale und fünf emotionale Gründe aufgeschrieben, warum sie für die Stelle die beste Kandidatin sei. Was geholfen hat, sich selbst zu überzeugen, tat es auch beim Verlag: Sie bekam den Job tatsächlich. »Karriere macht man nur, wenn man sich meldet«, sagt Patricia Riekel heute.

Nur zwei Jahre später wurde sie auf den Chefredakteursposten der »Bunte« berufen und führte das Blatt aus einem Auflagentief schnell auf Erfolgskurs. Heute ist die »Bunte« das weitaus auflagenstärkste Society-Magazin in der deutschen Medienlandschaft. Mit einer Auflagenhöhe von 850 000 Exemplaren erreicht sie sechs Prozent der Bevölkerung. »In Style« hat rund 250 000 Leser. An den Anfang denkt Patricia Riekel nicht gern zurück. Sehr offen hat man sie Neid spüren lassen, und kaum einer hat ihr zugetraut, die ins Schlingern geratene »Bunte« zu stabilisieren. »Ein besonders negativer Artikel hat mich so deprimiert, dass ich beinah alles hingeschmissen hätte«, gibt sie zu.

Wie sieht der Alltag einer beruflich so stark engagierten Chefredakteurin aus? »Ab zehn Uhr ist der Tag voll mit drei bis fünf Konferenzen, Telefonaten, Terminen und Verwaltungsaufgaben. Ich vermeide sowohl Mittagessen als auch zu viele Termine am Abend. Ich versuche, nur eine Verpflichtung pro Woche wahrzunehmen. Außerdem arbeite ich ohnehin jeden Tag bis etwa zehn Uhr abends. Mit Kindern wäre das natürlich nicht möglich.«

Neben ihrem Managerjob übernimmt Patricia Riekel alle im Haushalt anstehenden Entscheidungen. Zwar wird sie bei den alltäglichen Arbeiten von einer Haushälterin unterstützt, aber um alle Besorgungen und um Organisatorisches kümmert sie sich selbst. Wohnen ist für Patricia Riekel fast das Wichtigste. »Die eigene Umgebung ist der Ausdruck der Persönlichkeit. Wenn ich in einem Hotelzimmer übernachten muss, das mir nicht gefällt, dekoriere ich es mit Tüchern, wenn es sein muss auch nur für eine Nacht. Mein Haus zu gestalten, ist meine Leidenschaft.« Die Liebe zum Detail zeigt sich auch in ihrer Freude am Kochen: »Wir zelebrieren die Sinnlichkeit des Essens mit schönem Geschirr, Kerzen und schönen Gläsern. Ich würde meinem Liebsten niemals einen Joghurt im Joghurtbecher servieren, sondern nur in einer schönen Schale.«

Patricia Riekel spricht auch über ihre Beziehung zu ihrem Lebenspartner Helmut Markwort. »Zu Hause kann nur einer der Star sein. Mein Mann ist der Star zu Hause und in der Firma. An der Hausarbeit beteiligt er sich eher nicht. Ich wollte das auch nie, habe da keine Erwartungen und somit auch keine Enttäuschungen. Zu Hause spreche ich kaum über meine Arbeit, und wenn ich meinen Mann tagsüber sehen will, dann lasse ich mir wie alle anderen Kollegen auch einen Termin von seiner Sekretärin geben.«

Sie hat sich viele Gedanken darüber gemacht, was ihr der Erfolg bedeutet. Ernst genommen und als kompetent erachtet zu werden, das zählt für sie in erster Linie zu einer erfolgreichen Arbeit. »Jeder Mensch hat die Sehnsucht, beachtet zu werden, respektiert zu werden. Und Bestätigung zu bekommen, macht Vergnügen. Andererseits bin ich auch eine Frau, die viel darüber nachdenkt, was Erfolg bedeutet, was wichtig ist im Leben.«

»Wer Karriere machen will, soll sich einen Mentor oder eine Mentorin suchen. Man braucht einen Coach, denn die Erfahrung der älteren Kollegen ist ungeheuer wichtig. Karriere bedeutet, sich auch für andere Bereiche zu interessieren, über den Tellerrand hinauszuschauen. Man muss auffallen durch Neugierde, Anteilnahme, Einsatzbereitschaft, Flexibilität und die Fähigkeit ›to connect unexpected things‹. Und man muss auch unangenehm auffallen können, was Frauen besonders schwer fällt.« Die Liste von Patricia Riekels Tipps ist noch länger: Selbstbewusstes Auftreten und den Mut, Kritik zu ertragen, sollte man mitbringen. Ein Privatleben dürfe offiziell nicht existieren, weibliche Stärken und Schönheit sollten angehende Managerinnen sich zunutze machen und auch das Spiel Mann – Frau beherrschen.

Sie rät jungen Frauen auch dazu, Kinder zu haben, wann immer sie kommen, »da es nie den wirklich richtigen Zeitpunkt für Kinder gibt«. Dafür solle man auch ruhig Abstriche in der Karriere in Kauf nehmen. »Es gibt nichts Schöneres, als für jemanden da zu sein.«

»Glück kann man lernen«

Die Unternehmerin
Regine Sixt

Gern wird sie als »Autolady« und »Mietwagenkönigin« bezeichnet, aber Regine Sixt ist viel mehr – eine erfolgreiche Geschäftsfrau. Ihrem Ehemann Erich Sixt, der das Familienunternehmen von seinem Vater, Hans Sixt, übernahm, hat die erfolgreiche Powerfrau geholfen, das Unternehmen zu einem Konzern mit mittlerweile 135 000 Mietwagen, 2600 Mitarbeitern und Niederlassungen in 60 Ländern der Erde auf 6 Kontinenten mit einem weltweit hervorragenden Ruf aufzubauen. Im Geschäftsjahr 2000 hat die Sixt-Gruppe mit einer Gesamtleistung von über fünf Milliarden DM abgeschlossen. «Wir hätten das damals nicht im Ansatz gedacht, als mein Mann und ich im Münchner Jazzkeller saßen und von 3000 Mietwagen träumten. Damals hatte der elterliche Betrieb schon 500 Fahrzeuge, immerhin eine beachtliche Anzahl. Menschen sprechen mich immer darauf an, dass ich auf die Firmenerfolge stolz sein könnte.« Sie mag das Wort »stolz« nicht, denn wenn man anfängt, auf sich stolz zu sein, wird man überheblich und legt den Rückwärtsgang ein. Stolz sein auf Erfolg bedeutet Rückwärtsgewandtheit, und sie möchte lieber in die Zukunft blicken. Der »Erfolg« sei hart erarbeitet, sagt sie. Trotz ihres anstrengenden Jobs hat Regine Sixt es immer geschafft, ihren beiden Söhnen Alexander und Konstantin eine verständnisvolle und liebevolle Mutter zu sein.

Mit einer so energiegeladenen Frau musste das Familienunternehmen, das heute von Erich Sixt als Vorstandsvorsitzendem der Sixt AG geführt wird, zwangsläufig auf Erfolgskurs kommen: Regine Sixt liebte die Arbeit und strebte vorwärts, hin zu einer internationalen Expansion. Erfolg kommt allerdings nicht von allein, dazu gehört natürlich auch eiserne Disziplin, Mut und Intelligenz. All diese Voraussetzungen brachte sie mit in die Ehe und in ihre verantwortungsvolle Position. »>Meine Frau hat drei Leben‹, sagte mein Mann in einer Rede anlässlich meines Geburtstags. ›Sie ist eine fantastische Geschäftsfrau, eine wunderbare Ehefrau und Mutter und bewegt sich mit Grandezza auf dem internationalen Parkett.‹ Ich hoffe, er hat Recht«, sagt sie schmunzelnd. Von ihrer rheinischen Mutter hat die Managerin das Temperament geerbt, ebenso die Fröhlichkeit und ihren Humor, von ihrem französischen Vater, einem Diplomingenieur, das »Savoir-vivre«. Sie genießt es, unter Menschen zu sein, auf Festen und Besprechungen neue interessante Persönlichkeiten kennen zu lernen. Deshalb ist sie auch weltweit gern gesehener Gast bei Veranstaltungen und Events. Zu ihrem Freundeskreis zählen prominente Wirtschaftskapitäne, Verleger, Industrielle und Vertreter der Medienwelt sowie selbstverständlich auch viele erfolgreiche Frauen.

Nach dem Abitur studierte Regine Sixt Englisch und Französisch und legte ihr Examen als Diplom-Dolmetscherin ab. Während des Examens lernte sie ihren Mann kennen. Ihren beiden Söhnen steht es offen, später einmal in das Unternehmen einzusteigen. »Wir sind ein börsennotiertes Unternehmen, und es wird Leistung von den Mitarbeitern erwartet. Für einen eventuellen Einstieg bereiten sich beide gerade mit einem internationalen Wirtschaftsstudium vor.«

Apropos Kinder: Die Familie steht bei Regine Sixt auf der Prioritätenskala ganz oben. »Für meine Kinder war und bin ich immer da. Wenn eines von ihnen krank war, habe ich lieber das Risiko auf mich genommen, einen Vertrag nicht zum Abschluss zu bringen. Ich wachte an ihrem Bett und habe ihre heißen Händchen gehalten und saß bei den Kinderärzten persönlich im Wartezimmer. Dass man mich bei Besprechungen nicht stören darf, ist selbstverständlich, aber meine Söhne werden immer und überall durchgestellt, da gibt es keine Diskussion«, stellt die Münchnerin klar. »Meine Ehe und die Kinder – trotz der Arbeit waren und sind dies die wichtigsten Elemente meines Lebens«, betont die Unternehmerin. Schon immer hatte für sie festgestanden, dass sie einmal eine Familie gründen wollte.

Dass sie als junge Mutter als Selbstständige arbeitete, erlaubte ihr, wie sie heute zugibt, doch auch manche Freiheiten. Um sich diese zu bewahren, hat sie, als Sixt an die Börse ging, einen Posten im Vorstand abgelehnt. »Wenn ein Kind krank war, bin ich selbstverständlich daheim geblieben. Ich habe auch immer alle Schulferien ohne Kindermädchen mit meinen Söhnen verbracht. Das war die schönste Zeit in meinem Leben, wir haben zu viert viel unternommen und die Welt bereist. Ich habe ihnen die Schönheiten und Kulturen der Welt gezeigt und sie auch mit der Tatsache konfrontiert, dass das Leben nicht immer so rund ist, wie wir es leben.« Trotz ihrer eisernen Disziplin ist sie sehr verständnisvoll und warmherzig. Es ist für sie wunderbar, dass die Freunde von Alexander und Konstantin inzwischen auch ihre Freunde sind. Stundenlang kann sie abends mit ihnen zusammensitzen und »viel von ihren frischen, unverbrauchten Ideen lernen«. Durch die Kinder ist sie jung geblieben und hat »die Erkenntnis gewonnen, dass man als Mutter die Kinder nicht als Besitz, sondern nur als kostbare Leihgabe betrachten darf. Eine berufstätige Mutter hat es nicht leicht, aber mit dem nötigen Organisationstalent kriegt man die Vereinbarkeit von Familie und Beruf schon hin«, sagt die leidenschaftliche Mutter. Nach eigenem Bekunden ist sie ihren Kindern auch eine strenge Mutter. »Ausbildung, Wissen und Disziplin ist alles, und nur dies führt zum Erfolg«, gibt sie ihre Erfahrungen zwischen Chefetage und Kinderzimmer wieder. Die Brüder Alexander und Konstantin verstehen sich blendend.

Das unermüdliche Tempo der Regine Sixt, das sie so erfolgreich macht, verlangt ihrer Umgebung viel ab. »Sie kann mitreißen mit ihrer Power«, bestätigen die Mitarbeiter. Und wer sie persönlich kennen gelernt hat, der kann diese Energie fast fühlen. »Ich arbeite manchmal 12 bis 14 Stunden täglich und auch 7 Tage pro Woche. Leider müssen meine Mitarbeiter dann mitleiden.«

Jetzt, da die Kinder des Ehepaares erwachsen sind, kann die Mama ohne Gewissensbisse ihren weltweiten Verpflichtungen nachkommen. Etwa viermal die Woche jettet sie als oberste Marketingchefin zwischen den Kontinenten hin und her, fädelt Kooperationen ein und fungiert darüber hinaus als »Feuerwehr des Unternehmens«, in allen Bereichen einsetzbar. Die 40 Mitarbeiter ihrer Abteilung schätzen sie sehr und bewundern ihre Energie und ihren Ideenreichtum, die mithelfen, das Unternehmen von einem Erfolg zum nächsten zu führen. Englisch und Französisch spricht sie wie ihre Muttersprache, begrüßt Geschäftspartner selbstverständlich in deren jeweiliger Sprache, hält fließend Reden und steht gekonnt in TV-Talkrunden Rede und Antwort. In der Konzernzentrale in Pullach wird viel Englisch gesprochen, die Internationalität des Unternehmens ist überall greifbar. Autos als Lebenselixier? Diese Frage verneint sie entschieden: »Nein, das ist für den Privatmann ein Produkt, für uns ist es Lebenselixier.« Sie liest sich täglich durch mehrere Tageszeitungen und zahlreiche Fachzeitschriften, um sich über die Ereignisse und Nachrichten aus der Welt der Wirtschaft und des Tourismus auf dem Laufenden zu halten.

Dass Frauen generell die besseren Manager sind, bezweifelt Regine Sixt entschieden. Sie will keine Emanze sein: »Viele Frauen missgönnen sich gegenseitig Erfolge. Aber das ist nicht das Hauptproblem. Die heutige Zeit verlangt von einem Manager – also genauso von einer Frau auf diesem Posten – auch körperlich viel ab. Nicht alle Frauen können das lang durchhalten. Sie werden immer hin- und hergerissen sein zwischen ihren Ehe- und Mutterpflichten und den Aufgaben ihres Berufs.«

Regine Sixt macht alles, was sie anpackt, mit Leidenschaft. Abends genießt sie mit ihrem Mann die Ruhe. Sie lieben klassische Musik und moderne Kunst. Die Unternehmerin nutzt ihre Kontakte nicht nur für erfolgreiche Geschäftsverbindungen, sondern auch für soziale Zwecke. Die Hilfe für krebskranke Kinder aus der Ukraine, die Opfer der Reaktorkatastrophe in Tschernobyl wurden, ist der Managerin ein wichtiges Anliegen. Dafür gründete sie die Stiftung »Regine Sixt Kinderhilfe« und hat damit schon vielen krebskranken Kindern zum Weiterleben verholfen. »Ich finde das selbstverständlich, was ich tue«, sagt sie bestimmt. Sie macht nicht viel Aufhebens von ihren Aktionen. Oft überredet sie Firmenchefs mit einem charmanten Lächeln, ihre Stiftung zu unterstützen. Da sagt kaum jemand Nein, und so wird sie hoffentlich noch vielen Kindern zu einem besseren Leben verhelfen können.

Ihre Schwiegereltern hatten in ihren späteren Jahren einen Zweitwohnsitz auf Barbados, und so lag es auf der Hand, dass sie die Karibikinsel, die sie wie ihre Westentasche kennt, in Bayern als Honorarkonsulin vertreten konnte. Den Ausschlag für ihre Ernennung gaben ihre weltweiten Kontakte zur Touristikbranche, die dem Ferienparadies zugute kommen.

»Glück kann man lernen«, sagt Regine Sixt bestimmt. Als besonders wichtig erachtet sie positives Denken, den Glauben, Kinder, Familie und Freunde und eine befriedigende Arbeit, die mit gesundem Leben verbunden sein muss. Regine Sixt hat diese Glücksrezepte verinnerlicht und strahlt ihr eigenes Glück auch auf die Umgebung aus, was wohl das Geheimnis ihres großen, weltweiten Freundeskreises ausmacht.

Der Technik gehört ihre Leidenschaft

Die Professorin Sissi Closs

»Ich habe eine sehr bunte Lebensgeschichte, wie viele andere Frauen auch«, sagt Professor Sissi Closs schmunzelnd. Die sympathische und natürliche Unternehmerin ist sicherlich nicht die einzige Frau, die eine faszinierende Biografie aufzuweisen hat, aber sicher eine der erfolgreichsten. Zusammen mit drei Geschwistern im Saarland aufgewachsen, hatte sie 1972 mit nur 17 Jahren ihr Abitur in der Tasche und keine Ahnung, was sie studieren sollte. In der Klosterschule, die sie besuchte, wurden die Schüler kurz vor dem Abitur nach ihren Berufswünschen gefragt. »Ich gab einen leeren Zettel ab und wurde zur Direktorin zitiert. Die meinte, ich habe keinen Charakter.« Mehr als zwei Minuten mit Sissi Closs sind nicht nötig, um diese These vehement zu widerlegen. Zum Erstaunen ihres Vaters, eines Geschäftsmanns, beschloss sie, es mit Informatik zu versuchen.

Dass es was mit Mathematik zu tun hat, war das Einzige, was sie über ihr künftiges Studienfach wusste. Sie studierte in Saarbrücken im Kreis von nur 50 Studenten, davon ein Drittel Frauen. »Das Studium machte mir sehr viel Spaß, die kleine Uni, die familiäre Atmosphäre. Dann wechselte nach München. Da wehte ein ganz anderer

Wind: eine große Uni und nur ganz wenig Frauen.« Ein Umstand, der Sissi Closs aber nicht sonderlich beeindruckte.

Mit 24 Jahren war sie dann diplomierte Informatikerin und wollte nur weg von zu Hause, wirklich weit weg: »Ich reiste nach Peru. Da ich einen sehr guten Abschluss hatte, bekam ich ein Jobangebot sogar nach Lima – postlagernd. So begann meine berufliche Laufbahn als Assistentin an der Technischen Universität in München. Das Unterrichten machte mir sehr viel Spaß, die Forschung weniger.« Nach zwei Jahren suchte sie daher einen Wechsel.

Kurz entschlossen machte sie ihr Hobby zum Beruf. Ihr ganzes Leben hatte sie schon gern getanzt, also beschloss sie, Tanztherapeutin zu werden. Dazu war allerdings eine zweijährige Gymnastikausbildung nötig. Um nebenbei Geld zu verdienen, arbeitete sie bei Siemens in der damals neu gegründeten Abteilung »Technische Dokumentation für UNIX«. »Ich arbeitete Teilzeit mit 20 Stunden in der Woche und hatte viel Spaß mit meiner Arbeit. Ich wusste noch nicht, dass dies der Anfang zu meiner Karriere werden sollte.« Denn bereits nach kurzer Zeit bekam Sissi Closs die Chance ihres Lebens: Man bot ihr im selben Unternehmen eine Laborleitung an – und das ebenfalls in Teilzeit. »Das war damals wie heute revolutionär!« Obwohl sie engagiert und voller Elan arbeitete, wurde ihr bald klar, dass sie ihre Vorstellungen über eine harmonische Verbindung von Berufs- und Privatleben nur in einem eigenen Unternehmen verwirklichen konnte. Als sich die Gelegenheit bot, machte sie sich gemeinsam mit einem Kollegen selbstständig. Sissi Closs entdeckte den Bereich Software-Dokumentation, und Siemens war ihr erster Kunde. Das Jahr 1987 war das Geburtsjahr von Comet Computer, einer Firma, die zwar nicht in der Garage, aber in der eigenen Wohnung und mit einem Postfach entstand.

Comet Computer produziert Software-Handbücher, in denen den Benutzern die Handhabung von einzenen Programmen erklärt wird, und das in einer verständlichen Sprache. Denn bis dahin schienen Computer-Handbücher eher in einem völlig unverständlichen, nur für

Eingeweihte zugänglichen Fachchinesisch geschrieben. Das spezielle Konzept von Comet Computer sind Teams, die aus InformatikerInnen, MathematikerInnen, SprachwissenschaftlerInnen, Kommunikationswissenschaftlerinnen und ÜbersetzerInnen bestehen, also einer Kombination aus technischem Wissen und sprachlichem Können. Ungewöhnliche Zusammensetzungen entsprechen der Person von Sissi Closs, denn wie viele Frauen gibt es, die nach einem erfolgreichen Informatikstudium beschließen, Tanztherapeutin zu werden? Tag und Nacht hat Sissi Closs nach der Gründung ihrer Firma gearbeitet, und 1989 hatte sie dann die erste Festangestellte. Comet Computer ist langsam und aus eigener Kraft gewachsen, hat keinerlei Kredite in Anspruch genommen. 1987 betrug der Umsatz 300 000 DM, heute sind es fast sieben Millionen.

Im Mai 1991, als Sissi Closs 37 Jahre alt wurde, kam ihr Sohn Tim auf die Welt. Damit veränderte sich vieles, aber sicher nicht ihr berufliches Engagement. Sissi Closs krempelte die Ärmel hoch und richtete sich ihre Arbeit so ein, dass sie mit einem Baby kompatibel war. Ein neues Büro in der Nähe ihrer Wohnung wurde angemietet, mit Räumlichkeiten speziell für Mütter mit Kind, damit die anderen nicht gestört wurden. Und für wichtige Meetings hatte sie die wohl revolutionärste Idee: Sie hielt sie mit ihren Mitarbeitern – den Kinderwagen vor sich herschiebend – auf Spaziergängen entlang der Isar ab oder eben auf dem Spielplatz. Als Tim ein Jahr alt wurde, entstand auf Initiative von Comet Computer die »Tigerenten«-Krippe. Im Lauf der Jahre wurde das Konzept zur Vereinbarkeit von Familie, Beruf und individueller Lebensplanung weiterentwickelt.

In puncto Kinderbetreuung hat Comet Computer inzwischen neue Wege eingeschlagen, da in den vergangenen Jahren die »Firmen-Kinder« eingeschult und Geschwisterkinder geboren wurden. In Absprache mit den Eltern wich die Kleinkinderbetreuung in Arbeitsplatznähe einem erweiterten Angebot an flexibler Arbeitszeitgestaltung und Telearbeit. Den Schulkindern steht in dem Büro in Höhenrain bei München eine umfassende Betreuung zur Verfügung – ein Angebot, das im Bedarfsfall auch in den Ferienzeiten von allen Comet-Kindern genutzt werden kann. 1994 gewann das Unternehmen den ersten Preis beim Wettbewerb um gute Ideen zur Verbesserung der Chancengleichheit von Frauen und Männern in der betrieblichen Praxis, der von der bayerischen Staatsregierung ausgeschrieben worden war. Von da an war Comet Computer prominent: Fernsehkameras wurden zum gewohnten Anblick.

Es folgten weitere Ehrungen: Noch im selben Jahr, 1994, gab es den ersten Preis beim europäischen Wettbewerb für technische Dokumentation der »Society for Technical Documentation« und 1997 das »TOTAL E-QUALITY«-Prädikat für eine auf Chancengleichheit ausgerichtete Personalpolitik. 1999 wurde Comet Computer von der Zeitschrift »Cosmopolitan« als familienfreundlichstes Unternehmen ausgezeichnet.

Und so funktioniert das System: Comet Computer hat heute 60 Mitarbeiter, über die Hälfte davon sind Frauen. Im Vergleich dazu: In ganz Deutschland sind nur etwa zehn Prozent der IT-Mitarbeiter weiblich. Rund 60 Prozent der Belegschaft bei Comet Computer arbeitet Teilzeit nach verschiedenen Modellen. Die Philosophie des Unternehmens lautet, dass man sehr wohl qualifizierte Arbeit in einer eingeschränkten Zeit leisten kann. Die Mitarbeiter sind zwischen 8 und 40 Stunden in der Woche tätig, viele von zu Hause aus, weil sie weit weg wohnen oder kleine Kinder haben. Die größte Herausforderung bei diesem Modell bestand natürlich darin, ein System zu finden, das einen reibungslosen Informationsfluss garantiert und transparent macht, wer wann wo und wie zu erreichen ist.

»Ich habe selbst erfahren, wie sehr es mir hilft, wenn ich nicht an ein festes Zeitraster gebunden bin.« Aber nicht nur die eigene Erfahrung war ausschlaggebend, sondern auch die Schwierigkeit, qualifizierte Arbeitskräfte zu finden. Da konnten nur ideale Bedingungen helfen. »Man soll auch im Berufsleben auf die Befindlichkeiten des Einzelnen Rücksicht nehmen. Trotzdem darf man nicht unterschätzen, dass so eine Organisation Zeit, Kraft und Energie kostet.« Bei Comet

Computer zähle jedoch nur das Ergebnis der Arbeit und nicht, wie und wo die Arbeit gemacht wurde.

Diese Flexibilität ermöglicht es Müttern, auch jenen, die nur Teilzeit arbeiten, Führungspositionen zu bekleiden. Das ist jedoch nicht der einzige Grund, warum sich so viele Frauen bei Comet Computer bewerben. »Frauen können sich oft nicht mit der männlichen Vorstellung von einer Führungsposition identifizieren.

Da Sissi Closs offensichtlich noch immer nicht genügend Herausforderungen im Leben hatte und sehr gern unterrichtet, hat sie 1997 noch die Professur für Medien- und Informationstechnik an der Fachhochschule Karlsruhe übernommen, dies inzwischen ebenfalls in Teilzeit.

Was hat Sissi Closs von ihrem Kind gelernt? »Die Geburt des kleinen Tim war das Schönste, was ich in meinem Leben erlebt habe. Ich hätte mir auch noch mehr Kinder gewünscht.« Trotzdem wollte sie sich und ihr Leben dafür nicht verändern, genauso wenig wie für einen Arbeitgeber. Mit Kind hat sie zwar anders, aber genauso effektiv gearbeitet wie vorher. Gelernt hat sie viel von Tim. Vor allem, sich flexibel auf immer neue Situationen einstellen zu können. »In Krisen cool bleiben, diese Einstellung brauche ich jeden Tag in der Firma. Sich selber etwas zuzutrauen und Prioritäten zu setzen, sind weitere wichtige Erfahrungen, die jede Mutter kennt.«

Auch für Sissi Closs war es nicht immer nur einfach. An eine Geschichte erinnert sie sich noch heute gern, auch wenn sie damals alles andere als lustig für sie war: »Ich war allein mit Tim und musste anlässlich einer Präsentation bei Siemens unbedingt eine wichtige Unterschrift leisten. Tim war noch kein Jahr alt – und weit und breit kein Babysitter greifbar. Kurz entschlossen packte ich meinen Sohn ein, fuhr direkt vor den Haupteingang – was eigentlich nicht erlaubt ist – und drückte dem verdutzten Pförtner mein Baby in die Arme. Ich sagte ihm, ich müsse nur kurz eine Unterschrift leisten. Fünf Minuten später war ich zurück und fand einen lächelnden Pförtner mit einem zufriedenen Baby vor.«

Die Nöte berufstätiger Mütter

Die Tagesmutter-
Ausbilderin Manuela Franke

Für alle Mütter, die sich beruflich engagieren wollen, stellt sich immer die gleiche Frage: Wie und wo bringe ich meine Kinder unter, sodass sie optimal betreut werden und nicht unter meiner Berufstätigkeit leiden? Krippen- und Hortplätze sind rar, und Kinderfrauen oft eine zu große finanzielle Belastung. Mit ihrem 1999 gegründeten Vermittlungsservice für Tagesmütter und Babysitter »R.U.F. – Rund um die Familie« helfen Manuela Franke und ihre Partnerin Cilly Kalmanowicz Müttern und auch Vätern bei der oft schwierigen und zeitaufwendigen Suche nach einer kompetenten und zuverlässigen Kinderbetreuung.

»Wir kennen die Bedürfnisse von berufstätigen Müttern genau«, sagt Manuela Franke, selbst Mutter von drei mittlerweile fast erwachsenen Kindern. »Ich habe auch immer gearbeitet, und ich weiß, wie wichtig es ist, einen guten Betreuungsplatz für die Kinder zu haben.« Damit ihre Kundinnen hundertprozentig zufrieden gestellt werden können, prüfen sie und ihre Partnerin die Tagesmütter, die sie in ihre Kartei aufnehmen, sehr genau. Die meisten von ihnen haben sie sogar selbst ausgebildet, denn die beiden Diplom-Sozialpädagoginnen und Familientherapeutinnen leiten neben ihrer Agentur auch

Ausbildungskurse für Tagesmütter, die mit dem Zertifikat »Geprüfte Tagesmutter IHK« abgeschlossen werden können.

»Die Frauen, die unsere Kurse besuchen, lernen darüber hinaus viel für sich selbst«, erklärt Manuela Franke das Konzept der Ausbildung. »Soziales Management, wie etwa Zeit- und Konfliktmanagement, sowie das Training der Kommunikationsfähigkeit sind zentrale Ausbildungsinhalte. Die Mütter entwickeln Kompetenzen, die ihnen bei einem Wiedereinstieg ins Berufsleben zugute kommen.« Da berufstätige Mütter ihre Kinder nicht einfach irgendwo »abstellen« wollen, sondern sehr auf die Qualifikation der Tagesmütter achten, gehören zum Ausbildungsprogramm neben pädagogischen und psychologischen Fachkenntnissen beispielsweise auch »Gesundheitslehre« und »Maßnahmen in Unfallsituationen«. In 60 Unterrichtseinheiten, die sich über ein knappes halbes Jahr verteilen, erhalten die Kursteilnehmer das nötige theoretische und praktische Rüstzeug für eine kompetente Kinderbetreuung. »Wir haben Hunderte von Frauen ausgebildet und vier Männer. Zwei Drittel der Frauen sind Mütter mit der Intention, sich als Tagesmutter etwas selbst dazuzuverdienen. Ein Drittel sind Mütter, die den Kurs zur persönlichen Bereicherung besuchen, weil sie erkannt haben, dass ihre eigene Persönlichkeit das beste Handwerkzeug für die Kindererziehung ist«, beschreibt Manuela Franke die Zusammensetzung der Kurse. »Diejenigen Mütter, die gleich im Anschluss an den Kurs als Tagesmütter arbeiten wollen, vermitteln wir mit großem Erfolg. Aber wir benötigen nach wie vor weitere Tagesmütter, denn die Nachfrage ist groß.«

Mit ihrem Vermittlungsservice garantieren die beiden Frauen ihren Kundinnen eine hohe Kontinuität bei der Beaufsichtigung ihrer Kinder. Sollte eine Betreuerin einmal ausfallen, sorgen der Notdienst und zahlreiche Springerinnen dafür, dass keine Notlage entsteht. Zudem achten die engagierten Vermittlerinnen sehr darauf, nicht den Kontakt zu ihren Mitarbeiterinnen zu verlieren. Regelmäßige Supervision und zahlreiche Fortbildungsangebote tun ihr Übriges, dass alle stets am Ball bleiben.

Manuela Franke fühlt sich jedoch nicht nur für die vermittelten Tagesmütter zuständig, auch ihre Kundinnen liegen ihr am Herzen. »Wir wollen Mütter, die ihre Kinder abgeben, stützen und sie von dem Stigma der Rabenmutter befreien. Eine Mutter, die arbeiten geht und den Nachwuchs in eine kompetente Betreuung gibt, ist für ihr Kind allemal besser als eine unzufriedene Mutter.« Zu den Kundinnen von Manuela Franke und Cilly Kalmanowicz zählen in erster Linie Akademikerinnen, Freiberuflerinnen und Journalistinnen, die alle nicht lang aus dem Beruf aussteigen wollen und sich das auch gar nicht leisten können, weil sie ansonsten riskieren, dass beruflich dann für sie der Zug abgefahren ist.

Oft werden mit dem Einsatz einer Tagesmutter gleich zwei Fliegen mit einer Klappe geschlagen: Die Mama kann beruhigt ins Büro gehen, und die Kinder (oft Einzelkinder) sind in Gesellschaft von Gleichaltrigen, mit denen sie oft fast wie mit Geschwistern groß werden. »Kinder haben ab einem gewissen Alter Interesse an anderen Kindern. Sie haben Spaß und sie profitieren vom Zusammensein mit anderen Kindern.«

Manchmal allerdings erlebt es Manuela Franke auch, dass sich Mütter in die Kartei des Vermittlungsbüros eintragen, aber eigentlich noch nicht so weit sind, ihr Kind loszulassen. »Es ist immer schwierig, sein Kind abzugeben. Die Mütter, die dazu unterbewusst noch nicht bereit sind, suchen dann oft irgendeinen Makel an der Tagesmutter.« Natürlich läuft die Beziehung zwischen Mutter und Tagesmutter nicht immer reibungslos. Eifersucht der Mutter auf die Tagesmutter ist ein Problem, das gar nicht so selten auftritt. »Wir vermitteln unseren Kursteilnehmerinnen einen Weitblick für solche Thematiken«, erklärt Manuela Franke. »Tagesmütter müssen ihr Wissen immer mit Fingerspitzengefühl an die Mütter transportieren. Sie müssen lernen, jemandem etwas zu sagen, ohne ihn zu verletzen oder zu beleidigen.« Manuela Franke hat mittels guter Organisation ihre Berufstätigkeit immer mit den Bedürfnissen ihrer Kinder Lukas, Nikola und Hannes, heute 19, 17 und 15 Jahre alt, in Einklang bringen können. Als die drei noch klein waren, hat sie Mutter-Kind-Gruppen geleitet, die immer vormittags stattfanden, also genau zu der Zeit, in der ihre eigenen Kinder in Schule und Kindergarten untergebracht waren. Später kamen dann, als der Papa die Betreuung übernehmen konnte, abends die Kurse für Tagesmütter hinzu. Und heute befindet sich das Büro für den Vermittlungsservice im Dachgeschoss ihres Hauses, sodass die Tradition des gemeinsamen Mittagessens, ein Fixpunkt im Familienleben der Frankes, weiterhin gepflegt werden kann.

»Es wird für Frauen immer schwieriger, eine längere Zeit aus dem Beruf auszusteigen«, beschreibt Manuela Franke die Situation von jungen Müttern. »Es ist zwar ein Politikum, dass Mütter möglichst lang zu Hause bleiben sollen. Aber dies entspricht einfach nicht mehr der Realität, und es ist auch nicht mehr das, was die Frauen wollen. Das Bewusstsein der Mütter ändert sich.« Angesichts dieser Tatsache wachse der Druck auf die Kommunen nach mehr Kinderbetreuungsmöglichkeiten gewaltig. »Eine Idee, die in Bayern noch diskutiert wird, in anderen Bundesländern aber längst Realität ist, ist die Einrichtung von so genannten Pflegenestern. Dabei tun sich zwei bis drei Tagesmütter zusammen und die Stadt mietet Räume für sie an. Oder bei neuen städtischen Wohnanlagen wird jeweils eine Wohnung für ein Pflegenest zur Verfügung gestellt.« Manuela Franke ist zuversichtlich, dass sich in dieser Richtung künftig vieles positiv verändern wird. »Leider ist manches vom Gesetz her noch nicht möglich, aber es wird in diesem Bereich momentan viel in Gang gebracht.«

⚙ Die Kinder dürfen nicht darunter leiden!

Viele Mütter werden sich vielleicht an dieser Stelle fragen, wozu all ihre Erkenntnisse über Kompetenzen und Spielregeln gut sein sollen, wenn sie doch immer wieder an einem scheitern, nämlich an einer zuverlässigen und kompetenten Kinderbetreuung. Denn eines muss uns allen klar sein: Eine Frau, die wirklich beruflich aufsteigen möchte, darf sich keine langen Auszeiten leisten und muss bereit sein, Vollzeit zu arbeiten. Nach wie vor sind sowohl Berufspausen als auch Teilzeitarbeit wahre Karrierekiller. Das ist der Preis, den viele berufstätige Mütter bezahlen müssen.

Frauen, die Karriere machen wollen, sind nach wie vor mit dem Problem konfrontiert, dass Hortplätze und Ganztagsschulen dünn gesät sind. Kindermädchen bieten zwar den Vorteil, dass der Nachwuchs zu Hause betreut wird, sind aber ein nicht zu unterschätzender Kostenfaktor. Angesichts solch düsterer Aussichten wird sich eine gut ausgebildete und beruflich motivierte Frau im Zweifelsfall eher für die Karriere als für Kinder entscheiden. Und das schränkt zum einen die freien Entfaltungsmöglichkeiten einer Frau, die Beruf und Familie verbinden will, stark ein. Zum anderen kann es sich auch, wie bereits erwähnt, die Gesellschaft aufgrund der rückläufigen Geburtenzahlen auf Dauer gar nicht mehr leisten. Gibt es denn keinen gar Ausweg aus diesem Dilemma? Es gibt ihn sehr wohl, denn betrachten wir die Situation in unseren Nachbarländern, liegt eine Lösung auf der Hand.

Blick zu den europäischen Nachbarn

In Frankreich beispielsweise finden Frauen mittlerweile ähnlich gute Karrierebedingungen wie Männer vor, denn der Staat offeriert ihnen ein nahezu lückenloses Kinderbetreuungssystem. Für Französinnen ist es völlig normal, dass ihre Kinder ganztags außer Haus versorgt werden. Sie müssen sich dabei auch nicht, wie hierzulande üblich, mit dem mehr oder minder stillen Vorwurf herumschlagen, Rabenmütter zu sein. In Frankreich werden bereits Babys in Krippen oder von staatlich geprüften Tagesmüttern versorgt. Ab dem dritten Lebensjahr ist den Kleinen ein Platz in der »...École maternelle« garantiert. Grundschulen sind in Frankreich immer Ganztagsschulen – die Kinder bleiben dort bis 17 Uhr. Vor und nach dem Unterricht stehen Hort und Hausaufgabenbetreuung zur Verfügung.

Dänemark gewährt jungen Müttern zwar nur ein halbes Jahr Erziehungsurlaub, sorgt aber andererseits dafür, dass bereits Babys kompetent und kostengünstig betreut werden können. Für fast alle gibt es einen Platz in der »Vuggestue«, der Kinderkrippe.

Sollten sie dort nicht unterkommen, bezahlt der Staat Mütter (und auch Väter!), die zusammen mit ihrem eigenen noch ein fremdes Kind betreuen. Auch bei der »Vuggestue« übernimmt Vater Staat den Löwenanteil der Kosten, die Eltern bezahlen mit umgerechnet etwa 500 Mark pro Monat nur ein Drittel des anfallenden Betrags. Im Alter von drei Jahren besuchen die Kinder den Kindergarten, mit fünf die Vorschule. Ein Jugendhort öffnet bereits um 7 Uhr morgens seine Pforten für die Schulkinder. Nach einem gemeinsamen Frühstück werden die Mädchen und Jungen in die Schule gebracht und später wieder abgeholt.

Das sind Bedingungen, von denen deutsche Frauen nur träumen können. Und zur Erinnerung sollte noch einmal gesagt werden: Nicht nur die Beschäftigungsrate ist bei Französinnen und Däninnen höher als bei Frauen in Deutschland, sondern auch die Geburtenrate! Solange Frauen in Deutschland vor die Wahl »Kind oder Karriere« gestellt sind, die ihre Kolleginnen aus vielen Nachbarländern gar nicht treffen müssen, solange wird der Staat ein riesiges Reservoir an begabten und gut ausgebildeten Fachleuten brachliegen lassen.

Wie helfen die Unternehmen?

Unternehmen, Staat und Frauen sind gleichermaßen aufgerufen, für eine Veränderung dieses Status quo zu kämpfen. In den Firmen ist ein Umdenken bereits deutlich spürbar. Denn viele haben erkannt, dass sie ihre Mitarbeiter bei Kinderbetreuungsproblemen unterstützen müssen, wollen sie einerseits teuer ausgebildete Frauen nicht verlieren und andererseits kompetente Fach- und Führungskräfte neu gewinnen. Denn vermehrt wird geklagt, dass es immer schwieriger wird, guten Nachwuchs für anspruchsvollere Positionen zu finden. Unterstützung bei der Kinderbetreuung kann für neue Mitarbeiterinnen oftmals das Zünglein an der Waage sein, sich für die eine oder die andere Firma zu entscheiden. Der »Familienservice« ist hier ein gutes Beispiel: Anfang der 90er-Jahre in Zusammenarbeit mit BMW ins Leben gerufen, arbeitet er heute an 14 Standorten in Deutschland mit über 100 namhaften Firmen zusammen (siehe auch S. 82).

Staatliche Initiativen

Angesichts des demographischen Problems wird auch der Staat über kurz oder lang erkennen müssen, dass ein geringfügig erhöhtes Kindergeld niemand motivieren werden, mehr Kinder zu haben, und dass auch der dreijährige Erziehungsurlaub, den der Staat heute zugesteht, das Problem kaum lösen wird. Denn sind Frauen erst einmal drei Jahre zu Hause, finden sie nur noch sehr schwer Anschluss an ihre frühere Tätigkeit im Betrieb und kehren oftmals gar nicht mehr zurück. Außerdem birgt ein langer Erziehungsurlaub eine weitere Gefahr: Gerade in den Jahren, in denen sich Mütter um ihre Kinder kümmern, starten Männer beruflich durch. Sie gewinnen einen Vorsprung, den ihre Frauen nie mehr aufholen können. Auch hier sprechen die Zahlen für sich: 96 Prozent aller angestellten jungen Mütter nahmen 1999 Erziehungsurlaub, bei den Vätern waren es nur 1,5 Prozent. Männer argumentieren, abgesehen von ihrer Angst, als hauptamtliche Väter gesellschaftlich nicht anerkannt zu sein, dass sie mehr verdienen als ihre Frauen. Außerdem müssten sie einen Karriereknick in Kauf nehmen, würden sie für ein Jahr oder länger aus dem Beruf ausscheiden. Aber gilt dieses Argument nicht gleichermaßen auch für Frauen?

Ein besseres Kinderbetreuungssystem bedeutet noch lange nicht, dass ab sofort *alle* Kinder ganztags außer Haus betreut werden sollen. Aber es würde jenen Müttern, die Kinder und Karriere vereinbaren wollen, die Möglichkeit geben, ihren Wunsch auch zu realisieren. Und es würde die Chance eröffnen, dass *alle* Wege, für die sich die Frauen dann frei entscheiden können, im Bewusstsein der Gesellschaft selbstverständlich werden: zu Hause bei den Kindern zu bleiben, halbtags zu arbeiten oder eben auch Karriere

zu machen. Wir kennen natürlich die allgegenwärtige Frage unserer Politiker: »Wer soll das bezahlen?« Und wir wissen auch um das Gerangel zwischen Bund, Ländern und Kommunen, wer die Kosten für den Aufbau eines dichteren Netzes an Kinderbetreuungsmöglichkeiten zu übernehmen hat. Wir sind aber auch davon überzeugt, dass es den Staat auf Dauer noch viel teurer zu stehen kommen wird, auf gut ausgebildete, kompetente und motivierte Mütter in der Arbeitswelt zu verzichten.

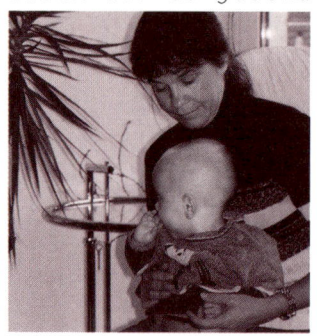

Die Herzchirurgin
Dr. Sabine Däbritz

Täglich rettet sie Leben

»Kinder haben und Karriere machen, das passt nicht zusammen.« Dass dies ein absolutes Vorurteil ist, beweist Dr. Sabine Däbritz, Herzchirurgin aus Leidenschaft, Leiterin der Kinderherzchirurgie am Klinikum Großhadern und seit neun Monaten glückliche Mutter eines süßen Sohnes. »Eine Mutter arbeitet effektiver, disziplinierter, verantwortungsbewusster. Sie kann es sich nicht leisten, im Beruf herumzuhängen, ihre Arbeit auf später zu verschieben oder zu trödeln: Denn sie hat ja noch eine Familie, die sie managen muss! Und das geht nur mit eiserner Disziplin«, weiß die Ärztin aus eigener Erfahrung. Die 41-Jährige hat einen harten Job, der sie oft von 8 bis 22 Uhr fordert. »Allein würde ich es nicht schaffen. Ich habe einen Partner, der sehr viel mithilft, und ich habe die größte Unterstützung der Klinik. Außerdem habe ich den Luxus einer Ausbildung, die mich nicht austauschbar macht. Deshalb genieße ich sicherlich mehr Freiheiten, muss morgens zum Beispiel nicht zu einer bestimmten Zeit in der Klinik sein. Aber die Tage sind lang, auch Nächte und Wochenenden oftmals miteinbezogen. Schwerkranke Kinder kennen keinen Feierabend«, schildert die engagierte Chirurgin ihren Alltag.

Geboren wurde Sabine Däbritz in Finnland, genauer gesagt in Helsinki. »In Finnland sind 80 Prozent der Frauen berufstätig. Auch Männer bleiben nach der Geburt des Kindes einmal drei bis vier Monate zu Hause, das wird akzeptiert. Mein Mann Wolfgang, ein Ingenieur, ist nicht daheim geblieben – ich übrigens auch nicht. Wer wollte denn überhaupt einen Mann, der zu Hause bleibt? Fänden wir den noch attraktiv? Umgekehrt findet der Mann eine Frau, die nicht mehr erwerbstätig ist, irgendwann vielleicht auch nicht mehr attraktiv. Das kommt ja oft genug vor!« Die junge Medizinerin, die aufgrund ihrer Jugend und ihres Könnens in der Herzchirurgie international ein »Aushängeschild« ist, wurde durch ihre Mutter vorgeprägt: »Sie war Gymnasiallehrerin, hat vier Fächer studiert, hat immer voll gearbeitet und gleichzeitig noch uns vier Kinder großgezogen. Wir fanden das immer ganz normal und wurden nie vernachlässigt«, erzählt Frau Däbritz von ihrer Familie. Sie gibt auch sofort zu, dass die Mutter für sie einen Vorbildcharakter übernommen hat: »Meine Eltern haben uns Kinder sehr frei erzogen. Wir durften alles, nur Stehlen und Lügen war nicht erlaubt.«

Sabine Däbritz war schon als Kind außergewöhnlich klug und zielstrebig. Sie übersprang eine Klasse und machte mit 16 Jahren ihr Abitur. Mit 17 ging sie zur Uni, im Alter von 23 Jahren hatte sie ihr Medizinstudium in Köln mit Auszeichnung beendet. »Damals war ich die jüngste Ärztin in Deutschland. Trotzdem hat es einige Monate gedauert, bis ich eine passende Stelle fand. Ich habe deshalb gleich die Doktorarbeit geschrieben und die Zeit genutzt«, berichtet die jetzige »Wahlmünchnerin«, und ihr dunkler Pferdeschwanz wippt energisch hin und her. Nach einer Berufstätigkeit in Kliniken in Finnland traf sie den Chef der Herzchirurgie der Universitätsklinik Aachen, und der bot ihr sofort einen Job an. »Er fand es toll, dass ich in jugendlichem Alter schon so weit gekommen war. Dass ich eine Frau bin, hat er wahrscheinlich als Zuckerl hingenommen«, meint Sabine Däbritz trocken. Mit 30 Jahren hatte sie dann bereits die Position einer Oberärztin erklommen, noch dazu in der

Herzchirurgie, das war absolut außergewöhnlich. »Ich habe in meinem Leben schon sehr, sehr viel gearbeitet, auch die Zeit damals war furchtbar anstrengend. Trotzdem ist es genau der Beruf, der mir Spaß macht«, sagt die anerkannte Fachärztin für Thorax-, Herz- und Gefäßchirurgie. Sie gibt zu, dass sie immer ein »Workaholic« war. Für ein Jahr wechselte sie auf eine Oberarztstelle in Boston/USA an der Harvard Medical School, was ihr internationale Erfahrung einbrachte. Seit Mitte 1999 ist sie an der Herzchirurgischen Klinik in München-Großhadern und hat im weltweit hochgelobten Herzspezialisten Professor Bruno Reichart einen verständnisvollen Chef gefunden. »Als ich mich auf die jetzige Stelle bewarb, hatte ich ihm offen gesagt, dass ich noch gern ein Kind haben möchte. Er hat das akzeptiert, denn er ist selbst spät nochmals Vater geworden.«

In ihrem Partner Wolfgang hat Sabine Däbritz den richtigen Mann gefunden, um eine Familie zu gründen. Ihre Schwangerschaft verlief völlig unkompliziert. »Mein Mann unternimmt mit unserem Matti sehr viel, ist ein absoluter Traumpapa. Wir wechseln uns im Versorgen des Kleinen ab. Allein schon wegen des Berufes habe ich wenig Privatleben, aber das gehört ganz meinem Kind. Prioritäten kann ich nicht setzen, weil ich einfach eine Arbeit habe, die Priorität hat. Geregelte Arbeitszeiten kenne ich gar nicht. Wir müssen fast jeden Tag operieren, und manchmal dauert eine Operation sogar 17 Stunden. Ohne einen zuverlässigen Partner und eine gute Kinderfrau ginge da gar nichts«, gesteht die Ärztin. Matti war sogar schon auf internationalen Kongressen mit dabei »und wurde von Kollegen und deren Familien absolut verwöhnt«. Bis eine Woche vor der Entbindung hat Sabine Däbritz noch fleißig operiert: »Mein Schwangerschaftsbauch lag fast mit auf dem OP-Tisch, und meine Kollegen haben Matti immer erzählt, was die Mami gerade macht. Ich erinnere mich an eine zehnstündige Operation, die ich durchgestanden habe. Knapp vier Wochen nach der Geburt habe ich wieder angefangen, sechs Monate lang nach Bedarf zwischen den Operationen Muttermilch abgepumpt, damit mein Sohn alle Nährstoffe und Abwehrkräfte kriegt, die ich ihm geben kann«, sagt Sabine Däbritz offen. »Matti hat quasi mitoperiert. Ich hatte und habe viel Glück, vielleicht weil ich ein Sonntagskind bin? Als Schwangere hatte ich keine Zeit, mir darüber Gedanken zu machen, ob es mir schlecht gehen könnte. Meine Schwester hat mir an einem Abend einen Schnellkursus an Atemtechniken beigebracht, das war's auch schon. Bei mir geht vieles effektiv, ich bin durch das Kind sicherlich noch effizienter geworden, habe Zufriedenheit und Dankbarkeit gelernt. Eine positive Einstellung zum Leben hatte ich eigentlich schon immer, vielleicht ist diese jetzt noch positiver geworden.«

Täglich wird Sabine Däbritz mit dem unendlichen Leid von Eltern konfrontiert, muss dem Tod von Kindern ins Auge sehen und immer volle Konzentration und Einsatz leisten. »Ich bin deshalb sehr dankbar, ein gesundes Kind zu haben. Das Gejammer von Frauen, die sich darüber beklagen, wie schlecht es ihnen als Nur-Hausfrau und Mutter geht, kann ich nicht hören. Mit dem Jammern wird gar nichts besser, man muss schon selbst etwas tun! Und absolute Priorität im Leben haben die Kinder. Leider gibt es viele undankbare Leute«, bedauert die Medizinerin. Gern hätte sie noch ein Geschwisterchen für Matti, allerdings ist sie realistisch genug, um zu wissen, dass sie die Erfüllung dieses Wunsches vor große Probleme stellen würde: »Karriere und ein Kind geht. Beruf und zwei Kinder auch. Eine Karriere im Medizinerberuf und zwei Kinder, das ist schlicht unmöglich«, bringt sie es auf den Punkt. Sie hatte den Vorteil, sich beruflich bereits etabliert zu haben, bevor sie ihren Kinderwunsch verwirklichte. »Ich habe meine Karriere sozusagen schon gemacht und deswegen keinen Druck mehr. Mein früherer Chef hat zu allen Frauen immer gesagt, sie könnten ihre Karriere vergessen, wenn sie ein Kind bekämen. Jetzt habe ich festgestellt, dass es nicht so kommen muss. Dabei hat mich die Frage, wann ich denn nun ein Kind bekommen könnte, die letzten zehn Jahre meines Lebens begleitet.«

Ihre Selbstbestätigung zieht Sabine Däbritz aus ihrem Beruf. Durch die Schwangerschaft hatte sie noch zusätzlich die nötige Power bekommen, ihre Habilitationsarbeit neben der Berufstätigkeit noch vor der Entbindung abzugeben. »Eine Chefstelle wäre sicherlich reizvoll. Aber nicht um des Ansehens willen, sondern weil ich gern in der Ausbildung junger Chirurgen einiges ändern möchte. Mein Mann unterstützt mich in jeder Beziehung, und das finde ich ganz Klasse. Wir teilen uns alle Aufgaben, auch im Haushalt. Da wirft keiner dem anderen vor, er hätte zweimal öfter den Müll heruntergetragen! So etwas finde ich absolut kindisch, noch dazu bei einem Paar, das beruflich so eingespannt ist wie wir.« Den gesamten Papierkram und das Ausarbeiten von Vorträgen erledigt Frau Däbritz zu Hause – in der Klinik hätte sie dafür keine ruhige Minute. »Ich bin leider nicht austauschbar; zwar habe ich einen tollen Assistenten, aber mehr als arbeiten kann der auch nicht. Es gibt Tage, da habe ich Augenringe bis zum Boden und muss trotzdem mein Pensum durchziehen. Das schlaucht schon, aber ich habe sehr viel Kraft und bin glücklich, wenn ich den Kindern helfen kann, dass sie weiterleben und gesund werden«, umreißt die Chirurgin die Beweggründe für ihren beruflichen Einsatz. Ohne »brutale Selbstdisziplin« und hohe Motivation stünde sie sicherlich heute nicht da, wo sie jetzt ist. »Ich habe gelernt, mich durchzusetzen. Durch mein Kind habe ich mich bestimmt verändert, Matti hat mir echt viel Power verliehen. Zeit für Hobbys hat sie nur noch selten: »Mein Beruf belastet schon extrem, geht bis ins Private hinein. Im Kopf nimmt man immer die kranken Kinder mit, schläft oft mit großen Sorgen ein, jagt zur Klinik, wenn es Notfälle gibt, natürlich auch nachts. Wenn mein eigenes Kind dann noch viermal pro Nacht wach wird und spielen will, macht das schon zu schaffen. »Aber ich bin ein zufriedener Mensch, bin niemandem neidisch, weil ich weiß, dass Erfolg nicht vom Himmel fällt. Außerdem liebe ich ein angenehmes Arbeitsumfeld und brauche meinen Humor wie die Luft zum Atmen.« Schön findet sie es, dass man als Arzt nie erklären müsse, wozu die Berufstätigkeit gut ist: »Wir retten täglich das Leben von Kindern. Deshalb habe ich auch kein schlechtes Gewissen, weil ich so viel arbeite. Mein Sohn wird das später sicherlich verstehen.«

Bankmanagerin mit Disziplin

Die Personalchefin
Beate Enders

»Dort, wo die Macht wirklich konzentriert ist, findet man keine Frauen. Aber sie rücken nach.« Beate Enders, Leiterin der Personalentwicklung im IT-Bereich der Deutschen Bank, blickt optimistisch in die Zukunft. »Ich glaube nicht, dass Unternehmen per se die Frauen als Managerinnen der Zukunft entdecken werden, aber die Frauen werden das in Zukunft einfordern. Frauen sind stark, und mit der Art, wie sie Dinge tun, haben sie Erfolg, und sie werden an Einfluss gewinnen.«

Beate Enders weiß, wovon sie spricht. Kinder, Studium und Job, das sind drei Dinge, die sie zeitweise unter einen Hut bringen musste. Sie gibt dabei unumwunden zu, dass ihr das durchaus nicht mit links, sondern nur mit sehr viel Engagement und Einsatz gelungen ist. »Mein Lebenslauf ist insofern sehr aufregend, als ich die unterschiedlichen Dinge nicht in der Reihenfolge getan habe, wie man sie normalerweise tut«, erzählt sie. Nach dem Abitur in München studierte Beate Enders in Frankfurt sechs Semester Philosophie, brach das Studium aber ab, weil sie ihren zukünftigen Ehemann beim Aufbau seiner Firma, einer Vertriebsorganisation für Bauelemente, unterstützen wollte. Bereits nach kurzer Zeit arbeitete die Firma so erfolgreich, dass zahlreiche Niederlassungen gegründet wurden. Und dementsprechend rasant entwickelte sich auch das Engagement von Beate Enders.

Genau in dieser beruflich aufreibenden Phase kam 1983 Sohn Tobias zur Welt. »Ich konnte mich nicht einfach aus der Firma ausklinken, also habe ich mir eine sehr fähige Assistentin gesucht und eine kompetente Hilfe für den Haushalt und das Kind. Auf diese Weise konnte ich mich wenigstens ein wenig aus dem Berufsleben zurückziehen, obwohl ich damals noch relativ viel gearbeitet habe.« Mit dem gut funktionierenden System war es aber schnell vorbei, als zwei Jahre später Tochter Evelyne geboren wurde. Das Mädchen war ein wesentlich anspruchsvolleres Kind als ihr älterer Bruder, und ihre Mutter musste ihr Arbeitspensum weiter herunterschrauben. »Ich habe erkannt, dass es so nicht mehr weitergeht. Wir waren nun kein Ehepaar mit Kind mehr, sondern eine richtige Familie. Also wurde die Assistentin mit größerer Verantwortung betraut, und ich habe viel von zu Hause aus gearbeitet.«

Leichter wurde es dann, als die Kinder ins Kindergartenalter kamen. Da für Beate Enders die Wahl des richtigen Kindergartens eine Investition in die Zukunft war und es an ihrem Wohnort in der Nähe von Wiesbaden keinen gab, der ihren Vorstellungen von flexibler Zeitgestaltung entsprach, gründete sie zusammen mit anderen Eltern kurzerhand selbst einen Waldorf-Kindergarten. Und als der Sohn in die Schule kam auch gleich eine Waldorf-Schule. Ihre selbst geschaffenen Rahmenbedingungen garantierten ihr durch die Kinderbetreuung genügend Freiraum, wieder Vollzeit zu arbeiten. Doch diese idealen Bedingungen fanden ein jähes Ende, als Beate Enders' Ehe in die Brüche ging. »Das war damals eine sehr schwere Zeit. Ich konnte unter den gegebenen Umständen nicht mehr in der Firma weiterarbeiten und stand mit zwei Kindern und ohne eine Ausbildung da.« Doch Beate Enders ist viel zu sehr eine Frau der Tat, um nicht ihre Zukunft selbst in die Hand zu nehmen. Der Ehemann einer Freundin, ein Kursmakler an der Frankfurter Börse, bot ihr an, erst einmal sein Büro zu unterstützen.

In dieser Zeit reifte ihr Wunsch, noch einmal zu studieren. Sie setzte bei ihrem Ex-Mann durch, dass dieser sie während des Studiums noch finanziell unterstützte. »So habe ich mit 38 Jahren noch einmal die Schulbank gedrückt und in Mainz mein Psychologiestudium in der Mindeststudienzeit von vier Jahren durchgezogen.« Bei einem Praktikum in einer verhaltenstherapeutischen Praxis betreute Beate Enders ein Jahr lang einmal wöchentlich hyperaktive Kinder. Impulskontrolle und das Vermitteln sozialer Kompetenzen waren dabei Schwerpunkte der Therapie. Nach dem Vordiplom 1996 begann Beate Enders ein Praktikum bei der Deutschen Bank. Sie sollte im Rahmen dieses Praktikums ein Ausbildungskonzept für Fachinformatiker ausarbeiten. »Das war harter Tobak. Ich wusste damals nicht einmal, was IT eigentlich heißt. Bald habe ich aber erkannt, dass es darum geht, die Fachkenntnisse der unterschiedlichsten Leute zu moderieren, dass es auf die Didaktik und das Konzept ankam. Und das konnte ich.« Die Deutsche Bank hat dann schnell erkannt, dass diese Aufgabe den Rahmen eines Praktikums bei weitem sprengte, und bot Beate Enders an, während des Studiums zwei Tage die Woche als Externe zu arbeiten. »Das war eine tolle Sache«, erinnert sich die Managerin an diese Zeit. »Ich habe in zwei Tagen so viel gearbeitet, wie andere in einer Woche und hatte noch keine Mitarbeiter, an die ich delegieren konnte. Aber der Einsatz hat sich gelohnt, ich habe mir damals eine Existenz aufgebaut.« Beate Enders stieg sofort nach dem Studium in gehobener Position bei der Deutschen Bank ein und hat innerhalb von nur eineinhalb Jahren sehr schnell Karriere gemacht. »Man hat gesehen, dass ich eine gestandene Managerin bin«, freut sie sich noch heute.

Bereits im Jahr 2000 übernahm Beate Enders die globale Personalbetreuung für zwei tragende Säulen der Deutschen Bank, die Bereiche »Global Technologies and Services der Deutsche Bank AG, Consulting and E-Business« und »Corporate Purchasing«. Dabei hat sie unter anderem die Organisation zahlreicher Start-up-Unternehmen mit aufgebaut.

Für Beate Enders war es immer klar gewesen, dass sie Kinder haben wollte. »Ich bin ein sehr emotionaler und offener Mensch«, erzählt sie. »Kinder spüren das, ob im Kindergarten oder in der Schule. Kinder sind immer auf mich zugelaufen.« Eigentlich hatte sie einmal die Vorstellung gehabt, nur Kinder zu haben und nicht zu arbeiten, »aber das Leben hat mir gezeigt, dass es oft anders kommt als geplant«. Zu arbeiten war für Beate Enders eine Existenzfrage, zuerst für die Firma, dann (nach der Trennung von ihrem Ehemann) für sich selbst und ihre Kinder. »Die erschwerten Bedingungen haben mich gelehrt, mit meinen Ressourcen vorsichtig umzugehen und allein verantwortlich zu sein, denn Kinder sind einem schließlich anvertraut. Und ich hatte die Chance, mit den Kindern zusammen etwas zu schaffen.«

Durch die Erziehung ihrer Kinder, durch ihre dreifache Belastung (allein erziehend, Kinder und Karriere) hat Beate Enders vieles gelernt, was ihr im Beruf großen Nutzen bringt. »Das Wichtigste, was man im Leben mit Kindern lernt«, so die Managerin, »ist, dass man erkennt, dass man nicht alles auf einmal haben kann, dass die Dinge ihre Zeit brauchen und dass man selbst nicht immer Priorität hat. Meine Kinder haben mir oft meine Pläne durcheinander gebracht, und ich musste meine Interessen dementsprechend oft hintanstellen. Und man legt die Eitelkeit und die Hybris ab, immer perfekt sein zu wollen. Das sind Fähigkeiten, die ich heute auf meinem Managementposten ganz stark brauche. Ich kann heute sehr genau und sehr schnell erkennen, was ich von wem und wie schnell erwarten kann. Ich kann Rücksicht auf die Ressourcen meiner Mitarbeiter nehmen. Es ist ja ein wichtiger Aspekt des Mutterseins, den Menschen als Ganzes zu sehen. Ich habe außerdem gelernt, mich schnell auf neue Situationen einzustellen und zu improvisieren, denn Kinder sind oft nicht kontrollierbar. Heute bin ich auch mal mit einer achtzigprozentigen Lösung einverstanden. Und ich kann hinfallen und wieder aufstehen.« Für ihre Kinder war es oft schwer, dass die Mama so viel arbeitet. Die Trennung der Eltern haben sie ebenfalls nicht leicht verkraftet. »Die

Kinder haben in dieser Zeit ja auch Privilegien verloren. Wir mussten von einem großen Haus in eine viel kleinere Wohnung umziehen, und statt vier Wochen Skiurlaub gab es Ferien zu Hause. Aber wir sind dadurch enger zusammengerückt, wir wurden eine richtig eingeschworene kleine Gemeinschaft. Die Kinder sind daran sehr gewachsen.«
Schon damals waren Tobias und Evelyne stolz darauf, dass ihre Mama ihren Weg gemacht hat, und heute freuen sie sich natürlich sehr, wenn sie ihre Mutter auf einem Foto in der Zeitung direkt neben dem Vorstand der Deutschen Bank sehen.

Obwohl die Kinder schon recht groß waren, als Beate Enders ihre zweite Karriere begann, und keine Betreuung mehr brauchten, hat sie dennoch oft das schlechte Gewissen gepackt. Tobias und Evelyne haben ihr nur selten vorgeworfen, dass sie zu wenig für sie da sei, aber bei Reisen ins Ausland oder in besonders stressigen Zeiten war das schlechte Gewissen immer latent da.

Als kritische Zeit in der Karriereplanung einer Frau bezeichnet Beate Enders die Zeit, in der man eine kompetente Kinderbetreuung und Hilfe im Haushalt braucht, um Karriere machen zu können, aber finanziell noch nicht so weit ist, um sich das leisten zu können. »Das ist dann eine Werteentscheidung. Man muss sich überlegen, ob man sich so organisiert und damit seine Energien für die Karriere bündelt, auch wenn sich das monetär noch nicht auszahlt.« Beate Enders selbst hat das mit der sehr sorgfältigen Auswahl des Kindergartens und der Schule gelöst und die Hausarbeit am Wochenende erledigt.

Beate Enders hat es geschafft, trotz einer schwierigen Ausgangslage Karriere zu machen, und sie traut dasselbe auch anderen Frauen zu. »Wir haben bei der Deutschen Bank einige hochrangige Frauen mit Kindern. Der große Vorteil, den Frauen in den Beruf einbringen, ist, dass sie nicht so ichbezogen wie Männer entscheiden.« Weibliche Qualitäten werden sich in ihren Augen immer mehr durchsetzen. Es wird in Zukunft häufiger vorkommen, dass Frauen mit ihren Fähigkeiten auch Männer im Kampf um einen Posten von der Matte drängen.«

Ein ausbalanciertes Lebenskonzept

Die Immobilienunternehmerin Judith Kaner

Judith Kaner ist eine dieser Frauen, deren Präsenz beeindruckt, eine Powerfrau und ein Multitalent. Ihren Auftritt im Alltag beherrscht sie perfekt. Kühler, kompromissloser Verhandlungsstil prägt ihr berufliches Profil an der Spitze ihres Immobilienunternehmens. Erfrischende Herzlichkeit, impulsives Lachen und charmante Freundlichkeit – so lautet das Credo der Erfolgsfrau für das Familienleben zu Hause mit Ehemann Andreas und den zwei Söhnen Niki (12) und Bobby (4).

Eigentlich war Judith Kaners Leben nicht darauf angelegt, dass sie sehr schnell und sehr jung viel Verantwortung übernehmen sollte. Doch nach dem frühen Tod des Vaters musste sie, fast noch ein Teenager, quasi über Nacht die Verantwortung für die Immobilienfirma der Familie übernehmen. Mit der ihr eigenen Klarsicht, Analysefähigkeit und Durchsetzungskraft hat sie sehr schnell gelernt, was Sache ist. »Ab sofort hieß es für mich, ein ordentliches Finanzvolumen zu verwalten, Personalverantwortung zu übernehmen und auch weitreichende Zukunftsentscheidungen zu treffen.« Da sie ohnehin keine Wahl hatte, hat sie sich auch nicht allzu viele Gedanken über ihre eigene Karriereplanung gemacht.

Was ihr anfangs jedoch sehr wohl Kopfzerbrechen bereitete, war ihre Jugend und ihr junges Aussehen. »Für Geschäftsverhandlungen, die aufgrund des Immobilien-Volumens meist auf Vorstandsebene stattfanden, habe ich mir einen Pferdeschwanz gebunden und eine Krawatte getragen, um kompetenter zu wirken«, amüsiert sich Judith Kaner noch heute. Dass die Immobilienbranche eine reine Männerdomäne ist, musste sie schnell feststellen. »Ich habe nie eine Frau in meiner Position getroffen.« Das mag ihrer Meinung nach unter anderem daran liegen, dass es kaum einen Bereich gibt, in dem Frauen weniger Anerkennung finden als auf dem Bau. »Da wird einer Frau nur nachgepfiffen, egal wie viel Fachwissen sie hat.«

Trotz der Verpflichtung für das Familienunternehmen hat Judith Kaner nach dem Abitur Theater- und Kommunikationswissenschaften studiert und mit einem Magistertitel abgeschlossen, was ihrem »persönlichen intellektuellen Faible« entsprach.

Die Frage »Kind oder Karriere« hat sich für sie nie gestellt. »Zu dem Zeitpunkt, als ich meinen ersten Sohn bekam, war ich so sehr in meinen beruflichen Aufgaben engagiert, dass an Aufhören gar nicht zu denken war.« Dazu kam, dass sich ihr 1989, dem Geburtsjahr ihres Sohnes, mit der Wiedervereinigung Deutschlands die Chance bot, nicht nur das Erbe des Vaters weiterzuführen, sondern für ihre Kinder ein eigenes Immobilienvermögen aufzubauen. Judith Kaners Ehemann, ein selbstständiger Unternehmer, hat sich immer Kinder gewünscht, und diesem Wunsch wollte sie sich nicht widersetzen, »obwohl mir der Gedanke an Kinder damals sehr fremd war«. Die Geburt des Sohnes beantwortete für Judith Kaner die Frage, was das echte Glück im Leben einer Frau bedeutet. »Auf einmal war mein Sohn der vollkommene Sinn und Inhalt meines Lebens und nichts, was ich beruflich je erreicht hatte, kam nur annähernd an das Glücksgefühl heran, das ein Kind vermittelt. Das ist das Privileg einer Mutter.«

Nach der Geburt des zweiten Sohnes acht Jahre später hat Judith Kaner beschlossen, neue Schwerpunkte zu setzen, denn sie hatte in ihrer Karriereentwicklung bereits einige Etappenziele erreicht. »Ich glaube, dass man einfach erkennen muss, dass es nicht funktioniert, gleichzeitig Vollzeitmutter und Vollzeitmanagerin zu sein, sondern dass man sich in beidem auf das Wesentliche konzentrieren und mithilfe eines guten Zeitmanagements Prioritäten setzen muss. Nur so können beide Bereiche gut nebeneinander funktionieren. Im modernen Managementtraining lernt man doch, dass man so mit 20 Prozent Arbeit 80 Prozent des Erfolges erzielen kann.« Judith Kaner ist in ihrem Alltag dementsprechend gut organisiert. Mit ihren Kindern verbringt sie »Quality time« – Zeit mit gemeinsamen Aktivitäten, die allen Beteiligten Spaß machen, die Verbindung mit ihren Söhnen vertiefen und gleichzeitig deren Kreativität und Intelligenz fördern. Alltagsdinge delegiert sie an das Kindermädchen.

Die Fähigkeit, Aufgaben delegieren zu können, hat sie durch ihre doppelte Verantwortung für Kinder und Karriere gelernt. »Delegationsvermögen ist eines der wesentlichen Kriterien im Anforderungsprofil meiner beiden Lebensbereiche. Beide sind sehr komplex in ihrer Struktur, und beide verlangen ein großes Maß an Sozialkompetenz, Fachkompetenz und Managementkompetenz, was sowohl im Job als auch als Mutter gefragt ist. Ich will sogar behaupten, dass Organisations- und Teamfähigkeit, hohe Belastbarkeit und Flexibilität im Familienalltag ganz selbstverständlich stattfinden. Das sind alles Eigenschaften, die eigentlich einem Anforderungsprofil entsprechen, das Unternehmen ihren Headhuntern diktieren, wenn sie hoch bezahlte hochrangige Management-Posten zu vergeben haben.« Termine mit den Kindern, wie Kindergeburtstage, Teenagerpartys, Saxophonstunden und Tennisunterricht werden bei der Erfolgsfrau so präzise organisiert und eingeplant wie ihre Termine mit Mitarbeitern, Geschäftspartnern, Banken und Architekten. »Das Back Office muss in beiden Bereichen funktionieren«, bemerkt Judith Kaner scherzhaft.

Sie ist fest davon überzeugt, dass es auf Dauer kein privates Glück ohne Erfolgserlebnisse außerhalb und ebenso keinen dauerhaften Erfolg im Beruf ohne erfülltes Privatleben gibt. Sie zitiert dazu die amerikanische Psychologin Fay Crosby: »Wenn Sie Ihren Job lieben wollen, gründen Sie eine Familie. Wenn Sie Ihre Familie lieben wollen, finden Sie einen guten Job. Und wenn Sie sich selbst lieben wollen, müssen Sie beides haben.« Obwohl Judith Kaner die Erziehung ihrer Kinder als erfüllende Aufgabe betrachtet, besteht ihr Lebensglück dennoch nicht aus Nachmittagen auf dem Spielplatz und Gesprächen über die Qualität von Babynahrung. »Ich bevorzuge ein zwischen Berufs- und Privatleben ausbalanciertes Lebenskonzept.«

Im Konferenzsaal und auf dem Kinderspielplatz – die moderne Kommunikationstechnologie erlaubt es der Unternehmerin, sich unabhängig an ihren beiden Standorten Familie und Beruf zu bewegen. Ihren Tag beginnt sie in der Regel damit, dass sie ihren jüngeren Sohn im Kindergarten abgibt. Dort sind die beiden, wie sie seufzend zugibt, meist unter den Letzten. Ab 9.30 Uhr nimmt sie im Büro oder außerhalb Termine wahr. Die Mittagszeit ist ihre kreative Phase. »Ich arbeite mittags durch, weil ich um diese Zeit, wenn es im Büro ruhig ist, sehr viel konzentrierter arbeiten kann.« Gegen 15.30 Uhr geht sie entweder allein oder mit einer Freundin Kaffee trinken, um vom beruflichen Stress abzuschalten und fit zu sein für ihre beiden Söhne zu Hause. »Es ist sehr wichtig, sich diszipliniert an eine Art Stundenplan zu halten. Man darf die Herausforderungen in den unterschiedlichen Lebensbereichen nicht ständig zu einem Netz verknüpfen, sonst verfängt man sich darin.«

Ein schlechtes Gewissen gegenüber ihren Kindern hat Judith Kaner nie gehabt. »Warum auch? Durch mein exaktes Zeitmanagement habe ich weder meine Kinder noch meine Arbeit jemals vernachlässigt. Und wenn mich während eines Termins plötzlich ein unsicheres Gefühl beschleicht, nehme ich mir die Freiheit, kurz zu Hause anzurufen und mich zu überzeugen, dass alles in Ordnung ist.« Ihre Kinder beschreibt die leidenschaftliche Mutter als emotional aufgeschlossen, intelligent und selbstbewusst. Sie ist davon überzeugt, dass dies auch im Zusammenhang mit ihrer Berufstätigkeit steht. Gerade ihr älterer Sohn hat sie früher öfter auf Geschäftsreisen begleitet. »Zu Geschäftsterminen, bei denen die Leute etwas von mir wollten, habe ich ihn einfach mitgenommen. Bei Terminen, bei denen ich etwas von den Leuten wollte, hat er im Hotel mit dem Babysitter gespielt. Ich glaube, für ihn sagen zu können, dass ihn das sehr früh sehr weit gebracht und ihm einen weiten Horizont geöffnet hat.«

Judith Kaner weiß heute, dass man bei der Erziehung von Kindern Fähigkeiten entwickelt, die im Beruf mit Erfolg verbunden sind. Und auch sie hat viel in ihrem Leben als Mutter gelernt: »Als Mutter kann man organisieren, ein Team zusammenstellen und koordinieren, man beherrscht die Grundlagen erfolgreicher Kommunikation, man ist zuverlässig und kreativ, und man verlässt sich auf die eigene Intuition. Diese Qualifikationen machen Mütter im Job zu einer besseren Teamarbeiterin, einer qualifizierteren Führungskraft, einer idealen Krisenmanagerin, zu einer ausgeglicheneren Persönlichkeit mit guten Nerven, die effizient und lebenserfahren handelt.«

Und auch der intensive Umgang mit ihren Kindern hat der engagierten Mutter viel beigebracht. Judith Kaner erzählt eine Anekdote über ihren jüngeren Sohn Bobby, die ihr schlagartig klargemacht hat, wie viel wir von unseren Kindern lernen können und wie sehr sie uns zeigen, was wichtig ist im Leben: »Vor drei Jahren übte unser kleiner Sohn im Alter von 14 Monaten in den Sommerferien am Strand seine ersten Schritte, und ich habe ihn vom Liegestuhl aus dabei beobachtet. Immer wieder hat er versucht sich aufzurichten und immer wieder fiel er auf seinen dicken Windelpopo. Er stand immer wieder auf und versuchte es von Neuem. Er hat sich auch nicht dafür geschämt, dass es ihm nicht so gelang, wie er es sich vorstellte. Er akzeptierte es auch, dass ihm das Laufenlernen schwer fiel. Er gab einfach nicht auf. Und er änderte auch nicht sein Ziel, er änderte nur seine Strategie. Zuerst versuchte er, sich aus dem Knien hochzubringen, dann aus der Brücke. Am Ende des Tages hatte er es endlich geschafft: Er konnte frei ein paar Schritte laufen.«

Allein erziehend – berufstätig – zufrieden

Nicht jede Frau genießt den Luxus, sich frei entscheiden zu können, ob oder wie sie sich zwischen Beruf und Familie aufteilen möchte. Für viele ist dies keine Frage des Wollens, sondern des Müssens. Sei es, dass verheiratete Frauen gezwungen sind, einen Beitrag zum Familieneinkommen zu leisten, sei es, dass Alleinerziehende völlig auf sich gestellt für ihre Kinder sorgen müssen. Gerade Alleinerziehende stehen hier unter einer besonderen Belastung, denn sie haben keinen Partner im Rücken, der sie unterstützt, und oft wenig Möglichkeiten, die Kinder einfach mal für ein paar Stunden jemand anderem anzuvertrauen.

Dass man jedoch auch unter solch erschwerten Bedingungen Erfüllung im Beruf finden und zudem Erfahrungen aus dem Leben mit einem Kind bei der Arbeit Gewinn bringend einsetzen kann, zeigt Melanie Schmidt, 31 Jahre, allein erziehende Mutter einer kleinen Tochter, als Friseurin berufstätig – und zufrieden.

Als Melanie 1970 in München geboren wurde, warteten nicht nur ihre Eltern, sondern auch ihr Bruder schon sehnsüchtig auf das kleine Mädchen. Melanie war ein echtes Großstadtkind, verbrachte aber auch viel Zeit bei ihren Großeltern im Bayerischen Wald. Der Vater war

Elektriker, und die Mutter hat ihren Beruf als Schneiderin trotz der zwei Kinder weiter ausgeübt. Nach der neunten Klasse in einer integrierten Gesamtschule begann Melanie eine Friseurlehre – ein Beruf, den sie schon immer ergreifen wollte, da sie von klein auf an Menschen interessiert war. So lag es auf der Hand, ihre Freude am Umgang mit Menschen mit ihrer kreativen Ader unter einen Hut zu bringen.

»Ich stellte mich den haarigen Problemen der Welt«, erzählt Melanie, »doch schon nach kurzer Zeit konnte mein Lehrmeister meinen Hunger nach der Welt nicht mehr stillen, und ich machte mich auf den Weg.« Gegen den Willen ihrer Eltern unterbrach sie die Lehrzeit, beendete aber nach einer Auszeit ihre Lehre dennoch und fand nach mehreren Stationen im Münchner Umland ihren Platz schließlich in einem Salon in München. »Nun begann der exzessive Teil meines Lebens. Ich genoss es in vollen Zügen, von Bungeejumping über Partys bis zu verrückten Reisen habe ich nichts ausgelassen, und auch mein Liebesleben kam nicht zu kurz.« Den Gedanken daran, jemals eine Familie zu gründen, schob sie in eine ferne Zukunft. »Wer hat denn schon Geduld für nervige Kinder?«

Mit 24 Jahren lernte sie einen tollen Mann kennen: stark, selbstbewusst, zehn Jahre älter. Sie wurde sehr bald ungeplant schwanger. Nach anfänglicher Freude wollte ihr Freund die Verantwortung als Vater dann doch nicht übernehmen. »Ich erlebte die Schwangerschaft nicht wie viele Frauen mit Euphorie und Glücksgefühlen, sondern mit Schrecken und Zukunftsängsten.« Melanie hat, trotz aller Hindernisse, nie daran gezweifelt, das Kind behalten zu wollen. »Meinen Traum, den Meisterbrief abzulegen, musste ich aber schweren Herzens begraben.« Noch bevor das Kind ein Jahr alt wurde, ging die Beziehung auseinander. Diese Enttäuschung und ihr verletzter Stolz nahmen Melanie den Rest ihrer Naivität gegenüber den Härten des Lebens.

Ihre Entscheidung für Kind und Beruf wertet Melanie heute sehr realistisch, aber ohne Bitterkeit. »Die Frage Kind oder Beruf war nicht eine Frage des Überlegens, sondern eine Frage des Überlebens.«

Melanie war entschlossen, sich dieser Herausforderung zu stellen. Wenigstens hatte sie das Glück, ihre kleine Tochter zeitweise in die Obhut von Großeltern und Tanten geben zu können, und in ihrem Beruf bestand immer die Möglichkeit als Teilzeitkraft zu arbeiten. Natürlich musste sie sich mit dem Gehalt, das sie als Teilzeitfriseurin verdiente, finanziell sehr einschränken. »Aber die Freude über das Kind war immer größer als die Opfer, die ich dafür bringen musste.«

Melanie lebt seit zwei Jahren wieder in einer festen Beziehung, aber dennoch besteht ihr Alltag, wie der von allen allein erziehenden Müttern, aus ständigem Zeitdruck, dem oft verzweifelten Versuch, alles unter einen Hut bringen zu wollen. Sie steht vor großen Anforderungen und Aufgaben: im Beruf präsent und gut gelaunt zu sein, die Termine von Julia einzuhalten, eine gute Hausfrau zu sein und an der neuen Beziehung zu arbeiten.

Ein schlechtes Gewissen hat Melanie nie gehabt, denn Berufstätigkeit ist für sie etwas völlig Normales. Nicht zuletzt ihre Mutter hat ihr das vorgelebt. Eine Alternative dazu kam für sie ohnehin nie infrage. Wohl aber spürte sie oft die Schwierigkeit, die richtige Balance zu finden und allen gerecht zu werden, vor allem in der Zeit, als sie für Julia nicht nur Mutter, sondern auch Vater sein musste.

Geduld, Respekt und Toleranz anderen gegenüber und die Fähigkeit, wenig Zeit optimal einteilen zu können, das sind die Pluspunkte, die Melanie aus der Erziehung ihrer Tochter für ihren Arbeitsalltag ziehen konnte. Auch der Umgang mit Auszubildenden fällt ihr heute leichter. Sie profitiert von der ständigen Schulung ihrer pädagogischen Fähigkeiten und den Herausforderungen durch ihre Tochter. Sie weiß, dass theoretische Ausführungen nicht reichen, man muss auch und vor allem Vorbild sein.

Heute sieht Melanie ihre Kunden manchmal wie Kinder, auf die man sich immer wieder neu einstellen und denen sie manchmal Ratschläge oder auch Zuspruch erteilen müsse. »Jeder Kunde ist verschieden, und der Friseur ist oft genug auch der Psychologe.« Bei Problemen mit Kollegen und Kunden kommt Melanie ihre Gelassenheit zugute, denn für sie ist die Arbeit nicht mehr der alleinige Lebensinhalt, und dadurch relativiert sich einiges. Melanie fällt in diesem Zusammenhang ein Erlebnis ein. Als sie einer beruflich erfolgreichen Freundin, die keine Kinder hat, von dem bevorstehenden Interview für unser Buch erzählte, habe sich diese durch unsere These sehr brüskiert gefühlt: »Warum sollten gerade Mütter bessere Manager sein?«, sei ihre heftige Reaktion gewesen. Und Melanie habe geantwortet: »Weil ich nicht so aggressiv reagiere.«

Melanies Tochter Julia ist heute sechs Jahre alt und hat sich zu einer selbstständigen und selbstbewussten kleinen Persönlichkeit entwickelt. Und sie ist stolz auf ihre Mama. Wie stolz, zeigt die folgende Geschichte. Vor einem Jahr wurde Melanie von einer entsetzten Erzieherin in den Kindergarten zitiert. Julia hatte – dem Vorbild der Mama nacheifernd – zwei Kindern die Haare geschnitten. Und weil sie es halt noch nicht so gut kann wie die Mama, waren die Eltern der »Opfer« dementsprechend aufgeregt und wirklich sauer. Natürlich hat Melanie sofort gerettet, was noch zu retten war. Aber so ist es eben, wenn Kinder ihren Eltern nacheifern.

⊗ Ein Wort zum ewig schlechten Gewissen

Jede Mutter, die sich entschließt, wieder ins Berufsleben zurückzukehren, kann mit tödlicher Sicherheit mit einem rechnen: mit einer Flut unerbetener Ratschläge, kluger Kommentare, Bedenken – und Warnungen, Warnungen, Warnungen. Von allen Seiten, von Freundinnen, Schwestern und sogar den eigenen Müttern. Die allgemeine Sorge gilt dabei natürlich auch dem Ehemann, der in Zukunft auf manche Annehmlichkeit wird verzichten müssen. Wer aber in den Augen der gesamten Umwelt durch die Berufstätigkeit der Mutter in höchste Gefahr gerät, sind die Kinder! Die zeitweilige Abwesenheit der Mutter mache die Kleinen zwangsläufig zu verhaltensauffälligen Monstern, ist noch die harmloseste Variante dieser gut gemeinten Unkenrufe.

Sicherlich ist keine Mutter so leichtfertig, sich wieder ins Arbeitsleben zu stürzen, ohne sich vorher Gedanken über eine möglichst kompetente und vertrauenswürdige Kinderbetreuung gemacht zu haben. Auch berufstätige Mütter wollen gute Mütter sein!

Was aber macht eigentlich eine gute Mutter aus? Eine, die rund um die Uhr für die Sprösslinge zur Verfügung steht, ihnen das Leben lang mit dem Taschentuch hinterherläuft und ihnen die Nase putzt? Wohl kaum! Engagement für die Kinder kann nicht mit perfektem Service gleichgesetzt werden. Kinder brauchen zwar eine liebevolle und sichere Umgebung, um glücklich und psychisch gesund heranwachsen zu können. Wie viele Stunden und Minuten die Mutter allerdings selbst präsent sein muss, damit das gewährleistet wird, ist sicherlich bei jedem Kind anders und hängt auch von dessen Alter ab. Wir müssen uns zudem überlegen, *wozu* wir unsere Kinder erziehen wollen: zu verwöhnten, ichbezogenen Prinzen und Prinzessinnen oder zu selbstständigen und damit selbstbewussten Mädchen und Jungen. Wir wollen hier natürlich keineswegs behaupten, dass Nur-Hausfrauen grundsätzlich Egomanen heranziehen, doch genauso wenig geben Karrierefrauen ihre Kinder leichtfertig der Verwahrlosung preis.

Hinzu kommt: In der breiten Öffentlichkeit gilt es als Allgemeinplatz über Kindererziehung, dass die Mütter ohnehin immer an allem Schuld tragen. Sind sie zu sehr auf ihre Kinder fixiert, dann gelten sie als überfürsorglich. Man wirft ihnen vor, ihr Kind unter eine Glashaube setzen zu wollen und es an seiner freien Entfaltung zu hindern. Kümmern sich Mütter aber auch um ihre eigenen Interessen, sind sie automatisch Rabenmütter. Egal, was im Leben der Kinder später einmal schief läuft, das Urteil steht fest: Die Mutter hat versagt.

Wie viel Mutter braucht nun ein Kind tatsächlich? Fragt man die eigentlichen Betroffenen, die Kleinen selbst, so wird sicherlich jeder Dreikäsehoch (außer es stimmt etwas nicht in der Eltern-Kind-Beziehung) antworten, am schönsten wäre es, wenn Mama und Papa 24 Stunden immer nur zu Hause wären. Der Mensch will von Natur aus stets das Maximum, warum also nicht auch die Kinder? Aber wäre das wirklich nur gut für sie?

Eine Lebensweisheit sagt, Erziehung sei viel Liebe und gutes Beispiel – und Liebe werde nicht in Stunden gemessen. Apropos Beispiel: Es lohnt sich auch zu überlegen, welches Vorbild wir unseren Töchtern abgeben wollen. Wir haben vielleicht eine gute Ausbildung genossen, die wir nicht nur als puren Luxus betrachten, sondern die wir auch praktisch einsetzen wollen. Oft sind unsere Abschlüsse sogar besser als die unserer männlichen Kollegen. Und daher geben wir uns mit der schulischen Ausbildung unserer Töchter auch genauso viel Mühe wie mit der unserer Söhne. Aber was wollen wir unseren Töchtern später einmal antworten, wenn diese plötzlich nicht mehr einsehen, dass sie sich in der Schule plagen sollen, weil sie ohnehin später Kinder haben wollen und dann doch zu Hause bleiben müssen.

Der gesellschaftliche und familiäre Druck auf Frauen hat Tradition: Früher mussten Frauen gebären, um etwas zu gelten, heute müssen Frauen stillen, sich für die von ihnen verwendete Babynahrung rechtfertigen und selbstverständlich in allen Lebenslagen perfekte Mütter sein. Verursacht wird dieser Druck aber keineswegs bloß von den Männern. In erster Linie beobachten sich die Frauen untereinander mit Argusaugen und halten sich selbst jeweils für die Hüterin des einzig richtigen Weges zur perfekten Mutter. An dieser Frage entbrennt ein wahrer Glaubenskrieg zwischen den Frauen. Die Argumente, welche die Nur-Hausfrauen und Karrierefrauen vorbringen, sind hinreichend bekannt: »Egoistinnen«, tönt es vorwurfsvoll von der einen Seite, und »ihr seid ja nur zu feige, um draußen eure Frau zu stehen«, schlägt die andere Seite kämpferisch zurück.

Warum hält sich das schlechte Gewissen bei Müttern so beharrlich? Und warum lassen sich Mütter, die ihre Kinder zu Tagesmüttern, in Kinderkrippen oder in den Hort geben, so schnell und widerspruchslos das Etikett »Rabenmutter« anheften? Wir müssen uns klarmachen, dass der Muttermythos in anderen Ländern keineswegs so idealistisch überhöht gesehen wird wie in Deutschland. Für Französinnen und Skandinavierinnen ist es viel selbstverständlicher und akzeptierter, ohne schlechtes Gewissen tagsüber arbeiten zu gehen, ohne dass ihre Kinder deswegen gleich eine Horde von unerzogenen Rüpeln wären. Oder anders ausgedrückt: Obwohl in Deutschland Kinder nur sehr selten ganztags fremdbetreut werden, fallen die deutschen Kinder im Allgemeinen auch nicht gerade als besonders wohlerzogen und angenehm auf.

Die Kulturwissenschaftlerin Barbara Vinken geht in ihrem Buch »Die deutsche Mutter. Der lange Schatten eines Mythos« zurück bis in die Zeit Martin Luthers. Mit der Entthronung der katholischen Himmelskönigin sei eine Verklärung der weltlichen Mutter einhergegangen. Die Bürde, die Müttern zusammen mit dem Mythos im Lauf der Geschichte aufgeladen wurde, wiegt schwer: Mütter sind allein verantwortlich für die physische und psychische Gesundheit des Nachwuchses. Mütter symbolisieren Wärme und Schutz in einer feindlichen, kalten Welt. Der Pädagoge Johann Heinrich Pestalozzi erkor das Muttersein zum gestrengen Lernstoff, und eine radikale Pervertierung erfuhr der Mythos schließlich in der unsäglichen Mütterideologie des Dritten Reichs. Barbara Vinken spannt den Bogen bis in die Gegenwart. Noch heute gelten die Erbinnen des Mutterkults im Gegensatz zu den »kalten« Karrierefrauen als Garanten einer besseren Welt, lautet Vinkens Kritik.

Sich von einem solchen irrationalen Mythos frei zu machen, ist natürlich nicht gerade leicht. Darum sollten wir

Frauen, statt aufeinander herumzuhacken, das Kriegsbeil begraben, gemeinsam an einem Strang ziehen und für bessere Bedingungen für karrierewillige Frauen kämpfen. Und das nicht, um uns gegenseitig schon wieder den einzig selig machenden Weg zu diktieren, sondern einzig allein dafür, dass jede von uns ganz nach ihrer Fasson glücklich werden kann, zu Hause oder im Beruf.

Bessere Kooperation
mit den Männern

Ich habe noch nie gehört,
dass ein Mann um Rat gefragt hat, wie Ehe und Karriere
miteinander zu vereinbaren seien.

Gloria Steinem

»Nicht nur mit Verstand, sondern auch mit Herz kommt man im Job weiter. Denn emotionales Talent macht erfolgreich – und glücklich!« Dieser Satz geht einer engagierten berufstätigen Mutter runter wie Öl: Wie genau diese Einsicht doch die Tatsachen trifft! Klingt es doch tröstlich, dass nicht nur die Stärksten und Hartgesottensten die berufliche Karriereleiter emporklettern können, sondern auch wir Mütter, die durch Kindererziehung und Haushaltsmanagement viele der heute so begehrten »Schlüsselqualifikationen« für einen verantwortungsvollen Job mitbringen. Doch eines dürfen wir dabei nicht aus dem Blickfeld verlieren: Ohne die Männer geht es nicht! Eine berufstätige Mutter hat es ungleich schwerer, erfolgreich zu sein, wenn sie nicht von ihrem Mann unterstützt wird. Das beginnt bei der aktiven Übernahme bestimmter Tätigkeiten, die im Haushalt anfallen, und geht bis hin zur psychischen Unterstützung der Ehefrau und Partnerin.

✖ Rückendeckung durch den Partner

Sie haben es bereits gemerkt, dieses Buch zielt keineswegs darauf ab, Feindbilder zu pflegen oder Vorurteile zu bestärken. Ganz im Gegenteil: Wir wollen alle Frauen ausdrücklich dazu ermuntern, sich auf dem Weg zur glücklichen Vereinbarkeit von Familie und Karriere die Rückendeckung ihres Lebenspartners zu sichern. »Kooperation statt Konfrontation« heißt deshalb die Devise.

Nach einer Allensbach-Untersuchung aus dem Jahr 1999 sinkt bei jungen Männern nach der Eheschließung die Bereitschaft, im Haushalt mitzuwirken, um sage und schreibe 50 Prozent – eine erschreckende Zahl, die im Jahr 2002 sicherlich nicht besser ausfällt! Bestimmt gibt es Männer, die leidenschaftlich gern in der Küche stehen und ihre Liebste bekochen, die wunderbaren Apfelkuchen backen und traumhaftes Gelee einkochen können. Aber seien wir ehrlich: Diese Traummänner sind erstens leider seltene Exemplare und haben zweitens sicherlich andere Macken, die meist keine Erwähnung finden. Ist ein Kind da, teilt sich nur jeder zehnte Mann mit seiner Frau partnerschaftlich die Hausarbeit, beim zweiten Kind ist es lediglich noch jeder Vierzehnte, so jedenfalls die Statistik. Die meisten Scheidungen gibt es vier Jahre nach der Geburt des ersten Kindes – da ist die Zeit der sorglosen Verliebtheit bereits dem harten Alltag gewichen. Allen jungen Eltern, die mit durchwachten Nächten, trotzköpfigen Kindern und häuslichen Katastrophen zu kämpfen haben und die aufgrund der wenigen Zeit, die für die Partnerschaft verblieben ist, die Nähe zueinander verloren haben, möchten wir hiermit gern unseren geballten mütterlichen Erfahrungsschatz weitergeben: Es wäre zu einfach, aus einer Ehe zu flüchten, weil das Baby so schlimm, die Frau wegen ihrer vielen häuslichen Pflichten ständig müde und der Mann durch die Doppelbelastung von Job und Kind genervt ist. »Es sind alles Feiglinge, die die Flinte so schnell ins Korn werfen!« Dieser Ausspruch meiner Großmutter hallt mir noch heute in den Ohren. Zugegeben, eine Scheidung vor 50 Jahren glich einer mittleren Katastrophe. Damals hatten viele Frauen gar nicht die Möglichkeit, aus einer lieblosen Ehe zu flüchten, weil sie finanziell vor dem Ruin gestanden hätten.

Wir Frauen von heute haben es da schon viel besser – oder etwa nicht? Wir können theoretisch zwischen Kind ohne Berufstätigkeit, Berufstätigkeit ohne Kind oder Vereinbarkeit von beidem wählen. »Männer müssen Karriere machen, Frauen dürfen es«, in diesem Ausspruch steckt schon eine Portion Wahrheit. Damit aber Frauen, die sich für Kinder entschieden haben, tatsächlich Karriere machen können, ist nicht nur beruflicher Einsatz gefragt, sondern auch die Rückendeckung des Mannes! Wenn eine Frau nach acht bis zehn Stunden im Job zu Hause noch in eine »zweite Schicht« abtaucht und endlich um Mitternacht für schlappe fünf Stunden Schlaf ins Bett sinkt, wird sie diese Tour nicht lange durchhalten können. Doch Abendessen zubereiten, die Schulaufgaben der Kinder kontrollieren, selbstständig einkaufen (und zwar nicht nur Brot und Milch), Lehrersprechstunden und Elternabende besuchen, für genügend Getränkenachschub sorgen usw. usf., das kann jeder Vater sicherlich genauso gut wie jede Mutter! Trotzdem zeigt die Erfahrung häufig, dass all diese scheinbar so winzigen Kleinigkeiten meist an den Müttern hängen bleiben. Dass diese ihre Mittagspause in der Schlange eines Supermarkts anstatt auf einer lauschigen Parkbank verbringen, ihre Gleitzeit für ein Treffen mit der Lehrerin und ihre Überstunden für den Besuch beim Kinderarzt opfern müssen, darf nicht die Regel sein. Hier sind die Väter zu gleichen Anteilen mit gefordert – dann sind ihre Frauen stärker entlastet und können ihre Energie besser auf den Job konzentrieren. Was die Männer übrigens ganz selbstverständlich und ohne Gewissensbisse gegenüber ihrer Familie tun ...

Das Wort »Erziehungsurlaub« weckt bei vielen Männern die Illusion von »sich ausruhen«, »sich einen schönen Lenz machen«, »den Tag vertrödeln können« und von »Kaffeeplausch mit den Freundinnen«. In Männerkreisen wird über dieses Thema nur allzu oft herzhaft gelästert, wie toll es die eigene Frau jetzt hätte, endlich daheim bleiben und das Leben (und natürlich das Baby) genießen zu können. Ich frage mich: Wenn diese Möglichkeit des »beruflichen Ausklinkens« so toll ist, warum nehmen dann nicht mehr Männer Erziehungsurlaub?! Trotz Berufstätigkeit der Mütter gibt es bei den meisten Paaren nicht einmal den Hauch einer Diskussion, wer den Er-

ziehungsurlaub (oder neuerdings die so genannte Elternzeit) nimmt! Von Karriereknick, Versagensängsten, Einkommensverlusten und anderen Schreckgespenstern wird in diesem Zusammenhang gern gesprochen. Dass es auch für eine Frau, die beruflich erfolgreich »ihren Mann gestanden hat«, nicht einfach ist, die Rollen zu vertauschen (besonders beim ersten Kind steht das Leben ja plötzlich ziemlich Kopf), daran verschwenden viele Kindsväter keinen Gedanken.

Die wenigen Männer, die trotzdem Erziehungsurlaub nehmen, haben es dann auch nicht gerade leicht: Die eigenen Eltern schämen sich plötzlich, wenn die Nachbarin sie anspricht, was denn der Sohn beruflich mache? Ob er denn bald wieder befördert werde? Kollegen hänseln gnadenlos und fragen grinsend, wann man denn das Stillen gelernt hätte? Vorgesetzte reißen bereits bei einer harmlosen Anfrage die Augen meilenweit auf und überlegen fieberhaft, welcher Kollege Herrn X denn für ein halbes oder ganzes Jahr ersetzen könne und wie sich »die Sache« der Kundschaft erklären ließe, ohne dass ein Imageschaden für die gesamte Abteilung entstünde.

Wenn Frauen zu Hause bleiben und ihre Kinder betreuen, dann ist das hingegen absolut normal. Dass sie ihr Baby lieb haben und trotzdem Karriere machen wollen, sollte genauso normal sein. Und in dieselbe Richtung muss auch die Rolle des Mannes neu definiert werden: dass er das Engagement seiner Partnerin akzeptiert, sich mit ihr über die praktikabelsten Lösungen für die Familie auseinander setzt (wer holt das Kind ab?, wer kauft ein?, wer macht die Wäsche?) und seinen Teil dazu beiträgt, damit sich eine berufstätige Mutter nicht »wie der Hamster im Laufrad« fühlt. Das Klingeln des Weckers sollte weder für eine Frau noch für einen Mann den gefürchteten Startschuss zum »großen Run durch den Tag« bedeuten, der nur mit hängender Zunge bewältigt werden kann. Es geht auch ganz anders! Nämlich mit der oft beschworenen Organisation, mit Aufgabenverteilung, gegenseitigem Rückenstärken, Zuhören, Motivieren und Fairness. Wenn Sie wieder mehr Zeit für den Partner haben, weil er ohne Murren oder von oben herab bestimmte Aufgaben bei der Kindererziehung und im Haushalt übernimmt, dann wird jede Seite dies doch tausendfach zu schätzen wissen!

»Meine Freundin Mona hatte zu ihrem Chef einen guten Draht gefunden. Er hatte sie nach der anfänglichen Schockphase, die sicherlich alle Vorgesetzten kurzzeitig befällt, wenn sie erfahren, dass ihre zuverlässigste Mitarbeiterin schwanger ist, trotzdem gefördert. Sie hat sich in den Job hineingehängt, auch als das zweite Kind da war: hatte alles organisiert, von der Tagesmutter bis hin zum Wochenend-

einkauf. Als sie schließlich mit einem Nervenzusammenbruch ins Krankenhaus kam, weil sie nach einer Achtzig-Stunden-Woche Stress einfach nicht mehr konnte, ist ihrem Mann erst ein Licht aufgegangen. Seitdem unterstützt er sie, unternimmt etwas mit den Kindern, damit Mama mal für zwei Stunden die Beine hochlegen kann, erledigt fast sämtliche Einkäufe und hat seine Leidenschaft fürs Bügeln entdeckt! Nicht nur Mona ist glücklicher, sondern alle vier in der Familie, denn jeder ist zufrieden.« Die Schilderung von Sabine, einer 33-jährigen Chefsekretärin, zeigt doch ein typisches Bild von uns Frauen: Es muss erst so richtig krachen, etwas Schlimmes passieren, oder wir müssen völlig schlappmachen, bevor wir etwas an unserem Alltag ändern! Lassen Sie es nicht so weit kommen, pflegen Sie die Kommunikation mit Ihrem Partner mindestens ebenso wie die mit Ihrem Chef. Eine Mutter, die als Einzelkämpferin durchs Leben geht, wird es sicherlich schwerer haben als eine Teamworkerin mit einem verständnisvollen Mann und ebensolchen Kindern im Rücken. Ein weiterer Rat heißt: »Klüngeln Sie doch«, und etablieren Sie ein Netzwerk mit anderen Betroffenen – was nichts anderes heißt, als Beziehungen zu knüpfen, zu nutzen und zu pflegen.

Dass manchmal auch von Großmüttern gute Ratschläge kommen können, die das Familienleben entspan-

nen, zeigt die Erzählung von Stepha-
nie (41): »Als Abteilungsleiterin der
Marketingabteilung einer international tätigen Firma war ich für sieben
Sachbearbeiter und den gesamten
Außendienst zuständig. Ich bekam
alles unter einen Hut und war das
reinste Organisationsgenie. Sogar die
Abendessen mit meinem eigenen
Mann buchte ich, sah auf mein Äußeres, hielt unsere Wohnung in Schuss
und war die anschmiegsame Gelieb-
te, die er sich immer wünschte.

Als dann unsere Tochter zur Welt kam,
brach das totale Chaos aus: Das Ba-
bygeschrei zerrte an meinen Nerven,
von meiner Organisation blieb nichts
mehr übrig. Oftmals saß ich noch um
elf Uhr vormittags in Bademantel und
mit zerzausten Haaren am Frühstückstisch und weinte. Meine Mutter gab
mir den Rat, tageweise wieder ins
Büro zurückzukehren. Als ich nach einem halben Jahr mit Teilzeit begann,
lebte ich auf – beschloss aber, meinen
Mann kräftig mit einzubinden, damit
ich nicht ganz vergesse zu leben!
Jeder hat jetzt seine Aufgaben, wir
planen gemeinsame Zeit für Ausflüge
und Schwimmbadbesuche mit der
Kleinen ein, aber auch jeder ganz für
sich mal eine Aerobic- oder Tennis-
stunde. Mein Selbstwertgefühl stieg
wieder – aber ich weiß, es würde nie
klappen, wenn mein Mann nicht mit-
ziehen würde.«

Da beide Ehepartner im selben Boot
sitzen, ist es müßig zu diskutieren, wer
Kapitän und wer Steuermann ist –
denn beide werden für die erfolgreiche Schifffahrt durch das turbulente
Leben mit Kindern an Bord dringend
gebraucht! Also setzen Sie auf echte
Partnerschaft in Ihrer Ehe, auf Solidarität mit anderen beruflich engagierten
Müttern, auf Ihren gesunden Men-
schenverstand, auf das Hören auf ihre
eigenen Empfindungen – aber niemals auf Grabenkämpfe.

Das Engagement der Väter

Der Ingenieur
Oliver Breitenstein

Oliver Breitenstein, promovierter Bauingenieur, 34 Jahre alt und Vater eines 13 Monate alten Jungen, erscheint zum Interview sichtlich gerädert. Grund seiner Erschöpfung: Der erste Familienurlaub hatte sich als ein »Urlaub mit eingeschränktem Kulturprogramm« herausgestellt, weil Sohn Leon bereits auf dem Weg in den Urlaub krank geworden war.

Über das anstrengende Leben mit einem Baby weiß Oliver Breitenstein bestens Bescheid, denn er zählt nicht zu den Männern, die zwar heldenhaft bei der Geburt des Kindes dabei sein wollen, die Wochen und Monate danach aber lieber in die Ruhe des Büros flüchten. Für ihn war es immer selbstverständliche Vaterpflicht, sich neben seinem Beruf auch bei den alltäglichen Aufgaben mit einem Baby zu engagieren. Von seiner Arbeit Erziehungsurlaub zu nehmen, stand für ihn allerdings nicht zur Debatte, da er mehr verdient als seine Frau Sabine, eine Kunsthistorikerin, die vor der Geburt ihres Kindes als Vorstandsassistentin bei einer großen Kulturstiftung gearbeitet hatte. »Wir haben natürlich darüber gesprochen, uns den Erziehungsurlaub zu teilen, aber das ist auch eine wirtschaftliche Frage. Am Anfang sagt man schon ganz locker, klar, mach ich, aber ich glaube nicht, dass ich wirklich zu Hause geblieben wäre«, gibt er ehrlich zu.

Aber er stellt andererseits auch fest, dass ihn oft ein schlechtes Gewissen plagt, weil er weiß, was es heißt, den ganzen Tag mit einem Baby zu Hause zu sein. Immerhin ist seine Frau einmal für fünf Tage allein verreist, und er hat in dieser Zeit die komplette Betreuung seines Sohnes übernommen. Um seine Frau zu entlasten, für die es sehr frustrierend ist, nicht mehr in ihrem Beruf zu arbeiten, hat Oliver Breitenstein ganze Bereiche der Haushaltsführung übernommen. »Wenn ich nach Hause komme, ist Übergabe. Und ich habe immer Nachtdienst, denn ich kann mich im Büro auch mal zurücklehnen und nachdenken, mit einem kleinen Kind kann man nicht mal das.«

Wäsche machen und Putzen fällt ebenfalls in den väterlichen Zuständigkeitsbereich. In diesen Disziplinen ist Oliver Breitenstein seit seiner Jugend Fachmann. Seine Eltern, die gemeinsam selbstständig, aber trotzdem immer für ihre drei Kinder da waren, sind aus beruflichen Gründen für drei Jahre von Kassel nach Berlin gezogen, als Oliver 14, seine Schwester 16 und sein kleiner Bruder 12 Jahre alt waren. Von Montag bis Freitag waren die Geschwister unter dem Regiment der Schwester auf sich gestellt. »Für uns drei wurde es selbstverständlich, dass jeder seinen Beitrag zum Haushalt leisten musste. Wir haben uns die Arbeit aufgeteilt und viel dabei gelernt.«

Wie organisiert sich nun ein Mann, der neben seinem Job auch selbstbewusster und gewissenhafter Vater ist? Oliver Breitenstein arbeitet in einem Immobilienunternehmen als Projektentwickler für Groß- und Gewerbeimmobilien. »Früher habe ich Leon öfter mal mit ins Büro genommen. Meine Kollegen haben darauf eigentlich gar nicht negativ reagiert, sie haben selbst alle Kinder und deshalb auch viel Verständnis. Heute ist das nicht mehr möglich, denn Leon fängt an, das gesamte Büro auf den Kopf zu stellen.« Dafür diszipliniert sich Oliver Breitenstein nun in seiner Arbeitseinteilung so, dass er es jeden Tag schafft, um 18 Uhr zu Hause zu sein. »Das schadet im

Büro niemandem. Auch wenn ich nicht mehr so wie früher zwölf Stunden im Büro sitze, nimmt man mich trotzdem noch genauso ernst, nun bin ich allerdings noch effizienter.« Abgesehen von seinem strafferen Zeitmanagement sieht Oliver Breitenstein jedoch keine Bereiche, in denen er durch die Kindererziehung an Kompetenz dazugewonnen hätte.

Auch der junge Vater hält Mütter für kompetente Kolleginnen. Als in seiner Firma die Stelle einer Assistentin im Jobsharing-Verfahren neu zu besetzen war, hat er in Zeitungen inseriert und dabei speziell Wiedereinsteigerinnen angesprochen. Das Ergebnis war niederschmetternd. Kaum jemand hat sich auf die Anzeige gemeldet. »Wo sind die ganzen gut ausgebildeten Frauen? Wo soll man suchen?«, wundert er sich. Und diejenigen Bewerberinnen, die infrage gekommen wären, scheiterten daran, dass es für ihre Kinder keine Nachmittagsplätze in einer Krippe gab. Privat findet Oliver Breitenstein dieselbe Situation vor: »So wie es aussieht, bekommen wir für Leon keinen Krippenplatz. Zusammen mit anderen Leuten, die in der gleichen Situation sind, versuchen wir gerade, auf privater Ebene etwas zu organisieren.«

Im Zusammenhang mit der Suche nach einer neuen Assistentin fällt Oliver Breitenstein eine Geschichte ein. Bei einem Vorstellungsgespräch mit einer Bewerberin musste er seinen Sohn mitnehmen, weil seine Frau einen dringenden Termin hatte. Natürlich war die Kandidatin sehr verwundert, ihren potenziellen neuen Arbeitgeber mit einem Kleinkind im Schlepptau anzutreffen. »Vor allem weil Leon wirklich die ganze Zeit geheult hat«, erinnert sich sein Vater, der dennoch einräumt: »Leon war ein Wunschkind, auch wenn ich zurzeit viel klage.«

✪ »Der Mann steht an letzter Stelle«

Eine Betrachtung der vergessenen Spezies Ehemann und Vater

Meine Frau hat einen Job, sie hat Kinder, mindestens fünf Hobbys – und, ach ja, einen Ehemann hat sie auch noch. So ähnlich klingt es, wenn Sie meine Frau nach ihrem Lebensinhalt fragen ... Ich gebe zu, es ist hart formuliert, aber Männer stellen sich lieber der Realität, als dass sie in Träumereien schwelgen. Ich bin auch von dieser Sorte. Mütter sind glücklich, belastbar und duldsam. Um diesem Bild zu entsprechen, schuften und rackern viele Frauen bis zum Umfallen.

Ich habe auch so eine – meinen Engel, der selbst nachts um eins aus den Federn schießt, wenn das Töchterlein unruhig träumt. Meist fällt ihr dann noch ein, dass die Buntwäsche nicht vorsortiert, das Handy noch eingeschaltet und der Fernseher noch auf Stand-by ist. Was Frauen alles vermögen – ich staune immer wieder. Dabei habe ich jetzt schon 14 Ehejahre hinter mir, Hunderte von Wasserkästen raufgeschleppt, zig Verwandtenbesuche über mich ergehen lassen und mich in mein Schicksal als Ehemann gefügt, der manchmal erst nach der Katze erwähnt wird – wenn man ihn nicht schlichtweg vergisst, weil er einfach zum Lebensinventar gehört.

Ich möchte wirklich nicht undankbar sein. Aber Männer von heute haben es tatsächlich nicht leicht: Unsere Steinzeitvorfahren konnten wenigstens noch mit ihren Speeren ausrücken und wilde Tiere erlegen. Wenn sie heimkamen, wurden sie von ihren Frauen innigst dafür gelobt, dass sie mal wieder die Nahrungszufuhr gesichert hatten. Heute zücken unsere Frauen nur die Scheck- oder Kreditkarte, wenn sie Lebensmittel eingekauft haben und kämpfen sich dann mit dem vollbeladenen Einkaufswagen zur Familienkutsche vor. Und bekommt man mal ein Lob, dann nur, wenn man trotz Fieber den Abwasch bewältigt, zwei Körbe Bügelwäsche erledigt oder den Computer wieder auf Vordermann gebracht hat. Wenn der Ehemann sich in einen Vater verwandelt, dann muss er ganz tapfer sein: besonders dann, wenn zwei liebliche Töchter im Haushalt mitregieren. Als Vater steht man da auf verlorenem Posten: Drei weibliche Wesen bestimmen das Leben, beschließen, dass der Papa »mal schnell eine Pizza holt«, »die Kinder schnell ins Bett bringt«, »schnell noch zum Tanken fährt« oder »den blöden Computer dazu bringt, dass er die Texte ausspuckt«. Ist Ihnen schon aufgefallen, dass ein Vater schnell wie der Blitz sein muss?! Ich bin doch nicht auf der Flucht, oder etwa doch?

Wenn ich sehe, wie meine Frau vom Büro zum Supermarkt, vom Supermarkt zum Kindergarten, vom Kindergarten nach Hause, von zu Hause zum Kinderarzt, vom Kinderarzt zur Oma, von der Oma zum nächsten Besprechungstermin, vom Termin wieder zurück nach Hause (allerdings mit einem Zwischenstopp im Fitnessstudio) jagt, dann denke ich mir, dass sie das braucht! Mir wäre diese Hektik echt zu anstrengend. Sie scheint dabei glücklich zu sein, Engagement nennt sie das, glaube ich. Ich erledige nur meinen Job, hüte die Kinderlein, wenn Mama mal wieder aushäusig ist, backe zwischendrin einen Apfelkuchen oder bügle die Wäsche, montiere neue Reifen und lese meinen Töchtern ihre (heimlichen oder offen geäußerten) Wünsche von den Augen oder Lippen ab! Zwar kann das manchmal auch recht stressig sein, aber wie ein Hamster im Laufrad fühle ich mich selten – Ausnahmen bestätigen die Regel. Meine drei Damen umgurren mich in schöner Regelmäßigkeit, wenn Papa mal partout nicht so will wie die drei es gerade beschlossen haben. »Wir wollen doch nicht bockig sein!«, diesen Satz habe ich meinen Kindern früher oft mit einschmeichelndem Unterton suggeriert. Komisch, jetzt bin ich plötzlich derjenige, der auf den rechten (den weiblichen, was sonst?) Pfad geführt werden soll.

Das Dasein als Ehemann und Vater ist ein logistischer Jonglierakt: Am besten ist er zu bewältigen, wenn man den eigenen Willen ganz hintanstellt, mit Geduld und Liebe seinen Alltag besteht, ohne anzuecken oder aus der Reihe zu tanzen. Ach ja, fleißig sollte man außerdem sein, denn die modernen Frauen wünschen sich ja keine »Loser« oder »Schlaffis«, sondern dynamische Männer, die sie vorzeigen können. Wenn ich aber zum Joggen will, damit mich meine Töchter ihren neuen Freundinnen später nicht verschämt als »alten Herrn« vorstellen müssen, dann hallt ein Aufschrei der Entrüstung durch die Wohnung: »Was?! Ausgerechnet jetzt willst du weg?! Du musst doch die Kleine zum Kinderturnen kutschieren. Du weißt doch, dass ich gleich wieder weg muss!« Mich verwirrt nur, dass meine Versuche, wenigstens ein Zipfelchen an Selbstständigkeit zu bewahren, immer wieder fehlgedeutet werden. Drücke ich mich etwa so unverständlich aus? Wähle ich immer die falsche Zeit, um mal meinem Sport nachzugehen? Wenn mich meine Frau dann mit ihren grünen Augen liebevoll anblickt, meine zwei Mädchen mich umschnurren wie die Katze den Milchtopf, dann gebe ich doch wieder nach und füge mich der Mehrheit ... Aber morgen, ganz bestimmt morgen, fange ich wieder mit dem Joggen an! Meiner Figur würde das bisschen Bewegung überhaupt nicht schaden. Dass nur Frauen raffiniert sein können, ist ein Vorurteil. Zumindest das habe ich in den vielen Jahren meines Vater-Daseins gelernt: Ich lasse mir schon was einfallen, damit ich selbst nicht zu kurz komme. Dann schiebe ich eine offizielle Überstunde im Büro ein (zumindest meiner Familie gegenüber ...), ziehe meine ausgetretenen Joggingschuhe an, die im Büroschrank ganz hinten deponiert sind – und drehe leicht beschwingt mindestens fünf Runden.

Was frau kann, das kann ich schon lange ... Und – eigentlich: Ich hab sie ja lieb, meine drei Frauen. Was wäre ich denn ohne sie? Ein einsamer Junggeselle, der noch Herr seiner Entscheidungen ist, eine unabhängige Sportskanone mit mächtig viel Zeit. Aber welch grausige Vorstellung!

Wenn ich nach meiner Rückkehr aus dem Büro liebevoll begrüßt und im gleichen Atemzug nach meinen Arbeitsplänen für den restlichen Abend gefragt werde, dann hat das schon was Heimisches, Vertrautes an sich. Es ist gar nicht mal so schlecht, Ehemann und Vater zu sein. Man muss sich nicht mehr selbst motivieren, das erledigt schon die eigene Familie. Im Großen und Ganzen gibt es ja überall Schattenseiten. »Du hättest es schlechter treffen können«, meinte mein Freund Stefan einmal mitfühlend. Er hat gleich vier Kinder und eine Frau, die neben Haushalt, Kindererziehung und Frauengruppe eine eigene Praxis als Psychotherapeutin betreibt. Wenn es mir mental ganz schlecht gehen sollte, könnte ich mich gern an seine Frau Eva wenden. Die weiß als vierfache

Mutter sicherlich hervorragend, wie sie einen altgedienten Vater wieder aufbauen kann. Schließlich hat sie ja seit 17 Jahren ein wunderbares Übungsobjekt an ihrer Seite.

✪ »Wann ist ein Mann ein Mann?«

Männer am Wickeltisch

Doch, es gibt sie, und man muss sie auch nicht mehr so angestrengt mit der Lupe suchen wie noch vor fünf Jahren: die aktiven Väter, die ihren Beruf und den damit verbundenen Termindruck für eine Weile an den Nagel hängen und ein halbes, ganzes oder gleich mehrere Jahre nur für Kinder und Haushalt da sind. Unter dem Motto »Küche, Kinder, Käsekuchen« beweisen diese Männer, dass sie durchaus in der Lage sind, den Nachwuchs im Griff zu haben, ohne dabei den Haushalt völlig verlottern zu lassen. Mit der neuen »Elternzeit« kommen hoffentlich noch viele andere Vollblut-Väter hinzu. Bisher gibt es in Deutschland zwar nur rund 0,01 Prozent Hausmänner, aber die Tendenz ist steigend.

»Eigentlich bin ich gar nicht für diesen Rollentausch erzogen worden. Meine Mutter fiel auch beinah in Ohnmacht, als ich ihr erzählte, dass ich für ein Jahr in Vollzeit die Versorgung unserer kleinen Sabine übernehmen würde. Mein Vater sprach zwei Wochen lang kein Wort mehr mit mir, da ich für ihn als Mann versagt hatte«, erzählt Horst (34) ganz offen.

Der junge Architekt, der bis zur Geburt seiner kleinen Tochter eine Bilderbuch-Karriere hingelegt hatte, wollte nicht als Freizeit-Vater abgestempelt werden, sondern seiner Ehefrau die Vereinbarkeit von Familie und Karriere erleichtern helfen. »Meine Frau ist als Abteilungsleiterin in der Medienbranche sehr engagiert. Dass wir Kinder haben wollen, war uns immer klar. Da sie momentan unmöglich länger aus ihrem Job aussteigen kann, habe ich mich dazu entschlossen, ein Jahr lang diese Rolle zu übernehmen.« Horsts Chef hat seinen Mitarbeiter nur ungern »in den Urlaub ziehen lassen«. Nach einer mehrwöchigen Phase argwöhnischen Beobachtens (»er hätte es liebend gern gesehen, wenn ich auf Knien vor dem Büro gelegen und um Einlass gebeten hätte«) hat er dem selbstbewussten Vater seinen Respekt gezollt. Er sagte dem jungen Mitarbeiter, dass er bei seinen eigenen Kindern vieles nicht mitbekommen hätte, weil der Beruf immer im Vordergrund stand. Kinder brauchen Väter: und zwar nicht nur eine halbe Stunde am Abend, sondern als präsente Ratgeber, Erzieher, als Schulter zum Anlehnen, als Vorleser, Mitbastler – als Vater zum Anfassen. An welchem Vorbild sollen sich denn die Kinder orientieren, wenn der eigene Vater die meiste Zeit im Job

verbringt und sich zwischendurch abgekämpft und müde mit einem Stoß Akten unter dem Arm am Abendbrottisch blicken lässt, um dann nach einem flüchtigen Kuss auf die Wangen seiner Lieben wieder im heimischen Arbeitszimmer (oder vor dem Fernseher im Wohnzimmer) zu verschwinden? Bisher sind es meist immer noch die Frauen, die ihren Job eine gewisse Zeit lang aufgeben, um das Baby zu betreuen. Einerseits, weil sie ihre Mutterschaft genießen und dem Kind all ihre Wärme und Zärtlichkeit schenken möchten, andererseits aber auch, weil es immer noch die Männer sind, die die höheren Gehälter nach Hause tragen.

Dabei »lohnt« es sich durchaus für alle Beteiligten – wenn auch im Augenblick nicht materiell, dafür aber umso mehr für das eigene Persönlichkeitswachstum –, die Rollen einmal zu tauschen! Das bringt aber nur dann etwas, wenn er wirklich den ganzen Tag über – vom Bettenaufschütteln übers Wickeln, Fläschchenzubereiten und Putzen bis hin zum Besuch der Krabbelgruppe – die »weiblichen Pflichten« übernimmt und abends dann mindestens genauso erledigt ist wie seine Partnerin, die morgens ins Büro geeilt ist, um ihren Tagesplan durchzuziehen! »Seit ich Erziehungsurlaub hatte, weiß ich erst, was Mütter leisten«, gesteht Markus (36) freimütig. Der zweifache Vater hatte bei der Geburt der ersten Tochter im Beruf pausiert und der Ehefrau den Vortritt gelassen, damit deren Karriere nicht gefährdet war. Voller Leidenschaft hatte er sich der Betreuung der Einjährigen gewidmet (die Ehefrau nahm das erste Erziehungsjahr, weil sie stillte) und hatte sogar die Mutter-Kind-Gruppe besucht, in der er der einzige Vater unter 17 Müttern war. »Die Frauen fanden meine Entscheidung Klasse, haben mich gleich in ihre Runde aufgenommen, mit Spiel- und Basteltipps versorgt und sogar den Kaffee gemacht, damit ich nicht verdurste. Ich habe das schon genossen«, schmunzelt der engagierte Vater. Als er nach einem Jahr wieder in den Job zurückkehrte, war er um viele Erfahrungen reicher: »Ich kann nur jedem Vater solch einen Rollentausch empfehlen. Denn die Verbindung zu meiner Tochter wäre nie so eng geworden wie durch meine Präsenz«, meint er überzeugt.

Leider liegt es oftmals auch an den Frauen, warum sich die Männer auf solch einen Rollentausch erst gar nicht einlassen wollen. Sie sorgen sich darum, dass ihre Männer die Mutter- und Hausfrauenrolle nicht so übernehmen können wie sie selbst. Dass diese Sorge ziemlich unbegründet ist, zeigen wissenschaftliche Untersuchungen renommierter Familienforscher sowie Praxisberichte »erfahrener Erziehungsurlauber«. Frauen betrachten sich oft als allein verantwortlich für das Funktionieren des Haushalts und das Gedeihen der Kinder. Sie delegieren wenig an ihre Sprösslinge, und falls doch, geben sie oft viel zu genau vor, wie die Kinder ihre Aufgaben erledigen sollen. Väter üben sich da mehr in Geduld, setzen die Messlatte nicht ganz so hoch an und drücken schon mal ein Auge zu, wenn das Töchterlein die Spielsachen trotz viermaliger Aufforderung immer noch nicht aufgeräumt hat. Väter erziehen die Kinder vielfach stärker zur Selbstverantwortung, indem sie das Ziel vorgeben, aber nicht den Weg dorthin. Andere Studien bestätigen, dass die emotionale Bindung zwischen Vater und Kind umso enger wird, je intensiver sein Kontakt zum Nachwuchs ist. Liebevolles Umgehen mit dem Kind, Geborgenheit und Wärme schenken, das Kind in seiner Entwicklung fördern und der Ehefrau in Haushaltsdingen den Rücken frei halten – das können moderne Väter ganz hervorragend! Man muss sie nur lassen, in ihrem Tun bestärken, über Schwächen ohne Gemurre hinwegsehen und sie ihr Vatersein in vollen Zügen genießen lassen: Mit solch einer Rückendeckung wagen sicherlich noch mehr junge (oder auch ältere!) Väter den Sprung in den Erziehungsurlaub. Ein Hausmann, der – ohne Eifersucht auf den beruflichen Erfolg seiner Frau – seine Rolle gern annimmt, ist ein wahrer Glücksfall für jede Beziehung: Denn welche Frau hat es nicht auch mal gern, wenn sie müde nach Hause kommt, den Tisch gedeckt und das Kind spielend auf dem Wohnzimmerboden vorzufinden? Zugegeben, die Chaostage, an denen auch einem Vater nichts von der Hand gehen will, wollen wir mal beiseite lassen. Die gibt es bei uns Frauen ja auch! Aber die meisten Männer haben im Haushalt nicht diesen weiblichen Perfektionsdrang, können alle fünf auch mal gerade sein lassen und sich an der Rückkehr der Partnerin mehr erfreuen als an aufgeräumten Spielsachen ...

Damit es im Haushalt keine Defizite gibt, können Männer ihre Haushaltskenntnisse sogar auf speziellen Seminaren vervollkommnen, beispielsweise in den sehr erfolgreichen der Münchnerin Christiane Klimsa. Sie ist selbst Mutter von vier Kindern und eine mit dem Meisterpreis der Bayerischen Staatsregierung ausgezeichnete Hauswirtschafterin. »Im Unternehmen Haushalt treffen Wissensgebiete und Fertigkeiten aus 26 Lehrberufen zusammen. Wie sind wir darauf vorbereitet? In der Regel wird bei Frauen vorausgesetzt, dass wir die notwendigen Handgriffe beherrschen, oder aber sie so rasch wie möglich erlernen, wenn wir sie brauchen. In meinen Seminaren können Frauen wie Männer Praxis lernen – von der gesunden Ernährung über Textilkunde, Wäschepflege, Küchentechnik bis zur Hauspflege ist alles im Angebot«, berichtet Frau Klimsa. Ihre exklusiv für lernbegierige Muster-Hausmänner an-

gebotenen Kurse sind ein Geheimtipp. »Auch Männern muss gezeigt werden, wie sie alle Bereiche des Haushalts so in den Griff bekommen, dass sie in ihren Tätigkeiten nicht Kraft verlieren, sondern schöpfen. Sie lernen, wie sie diese Aufgabe nicht als Stress empfinden, sondern ihre Kreativität darin entfalten und Spaß haben können, wie ihr Haushalt dank eines reibungslosen Ablaufs nicht länger zum Hindernis, sondern zur Basis ihrer Lebensqualität wird!« Auch unter den Vätern ist noch kein Meister vom Himmel gefallen ...

Das »Abenteuer Erziehungsurlaub« ist für Väter wie Mütter gleichermaßen eine lehrreiche Erfahrung. Und zwar eine, die für beide Seiten immer wieder Überraschungen bereithält – mit Verständnis, Liebe, Zeit für Kind und Partnerschaft und mit beiderseitiger Flexibilität bietet eine babybedingte männliche »Auszeit« ungeahnte Chancen für den Start in einen neuen Lebensabschnitt: das aufregende Dasein als Vater. Keine berufliche Aufgabe kann für einen Mann herausfordernder und doch kraftspendender sein als diese Rolle, in der er nun lebenslang gefordert ist, für die er aber auch jede Menge Liebe zurückbekommt. Diese Erkenntnis wird sich zukünftig mit Sicherheit auch in der Gesellschaft stärker durchsetzen. Jedem Erziehungsurlauber sollten wir daher gerade als Frauen den Respekt zollen, den er verdient hat.

Die Balance finden –
eine Herausforderung

F rauen sind wie ein offenes Buch,
geschrieben in einer fremden Sprache.
Mark Twain

Wenn Marion zum Fenster blickt, stockt ihr der Atem: Nicht, weil die Aussicht draußen so berauschend schön wäre, sondern weil ihr dann jedesmal auffällt, dass die Fenster dringend geputzt, die Gardinen gewaschen und der Garten gepflegt werden müssten. Jeden Tag beschleicht sie ein Gefühl der Panik, ihre Verpflichtungen nicht mehr auf die Reihe zu kriegen – die zwei Kinder mit sechs und vier Jahren, den Dreißig-Stunden-Job als Sekretärin, das Hasten vom Büro zum Supermarkt, vom Büro zum Kindergarten, vom Büro nach Hause. »Vielleicht gibt es solche Top-Mütter, die das ganz locker schaffen. Aber wenn das so einfach wäre! An einem Arm zerrt der Chef, am anderen die Kinder, am linken Bein hängt der Partner – und ich selbst habe

manchmal das Gefühl, total zu kurz zu kommen. Wie soll man da cool bleiben und das Leben genießen?«

Frauen wie Marion sind tatsächlich kein Einzelfall. Viele haben den Eindruck, Haushalt und Kinder würden sie »total auffressen wie ein kleines grünes Monster«, so die 31-jährige Regina. Dabei hilft es niemandem, wenn sich die Frauen in ihrer Doppelbelastung bis zur totalen Erschöpfung aufreiben. Es gibt durchaus Wege aus dieser Sackgasse, frei nach dem Motto »Mütter, rein ins Vergnügen!« Wann hatten Sie zuletzt das Gefühl, genug Zeit zu haben? Ihre Pflichten ohne Druck im Nacken erledigen zu können? Einfach wieder mal die Lust am Leben zu spüren? Wenn Sie nun antworten »Schon lang nicht mehr!«, dann wird es tatsächlich Zeit, dass Sie etwas in Ihrem Leben ändern. Anbieter von Persönlichkeits-Trainings, die gerade in unserer hektischen Zeit großen Zulauf haben, indem sie in so genannten Zeitmanagement-Kursen den Menschen beibringen, mit ihrer Zeit richtig umzugehen, wissen, dass Frauen und Männer tatsächlich ganz unterschiedliche Zeitprobleme haben. Neben »geschlechtsneutralen« Problemen wie schlechter Organisation, falschen Prioritäten oder fehlerhafter Selbsteinschätzung ergeben sich aus der häufig vorkommenden Mehrfachbelastung von Müttern zusätzliche Schwierigkeiten. Ich möchte hier nur so unkalkulierbare Faktoren wie kranke Schwiegermütter, unerwartet anfallende Überstunden im Beruf, kaputte Waschmaschinen oder natürlich insbesondere quengelnde Kinder erwähnen! Der Weg aus dieser Misere kann nur lauten: »Frauen müssen sich ihre Freiräume noch viel bewusster und gezielter erobern als Männer!«

✱ Hilfreiche Stresskiller

Stress ist ja zunächst einmal etwas ganz Natürliches, Positives und vor allem eine ausgeklügelte Überlebensstrategie aus der Steinzeit. Noch von damals ist unser Körper darauf programmiert, in brenzligen Situationen den Körper kurzfristig in Hochleistungsform hinaufzukatapultieren, um auf das bedrohliche Ereignis mit Flucht reagieren zu können: Das Herz klopft schneller, Adrenalin wird ausgestoßen, der Blutdruck saust in die Höhe, und die Muskeln spannen sich an. Für Extremsituationen mag diese Vorkehrung der Natur ja lebensnotwendig gewesen sein, aber wenn sie zum täglichen Dauerzustand wird, führt sie schnell zu Verschleiß. Ganz ähnliche Stresssymptome zeigen sich aber auch bei uns Frauen, wenn wir mit zu viel Arbeit, Druck vom Chef, mobbenden Kollegen, aufreibender Dreifachbelastung und zu wenig Freizeit kämpfen.

Gutes Zeitmanagement hilft dieses drohende Burnout-Syndrom zu verhindern und steigert das Lebensgefühl. Das klingt so einfach – und ist in der Praxis doch meist recht schwierig umzusetzen. Aber wenn wir nicht mit 40 oder 50 einem Herzinfarkt erliegen wollen (die statistische Häufigkeit ist tatsächlich inzwischen auch bei Frauen stark gestiegen), müssen wir spätestens jetzt die Notbremse ziehen und konsequent an uns selbst und unsere Gesundheit denken. Weder dem Partner noch den Kindern oder Kollegen ist damit gedient, wenn wir zusammenklappen.

Marion (Sie wissen schon, die mit den schmutzigen Fenstern und Gardinen) hat spontan beschlossen, die Hausarbeit und unerledigten Aufgaben einfach lockerer zu sehen. Inzwischen kocht sie sich erst mal einen schönen Tee und schmökert kurz in der Zeitung, damit sie auf dem Laufenden bleibt, was in der Welt vor sich geht. Dann legt sie ihre neue CD mit ihrer derzeitigen Lieblingsmusik auf, füllt einen Eimer mit Wasser und Putzmittel und macht sich, mit einem Lächeln auf den Lippen, an die Arbeit: So schlimm ist Fensterputzen doch gar nicht! Was man in zwei Stunden alles erledigen kann, wenn man dranbleibt, ist schier unglaublich. Die Einstellung macht's, und natürlich die richtige Aufgabenverteilung. Dass Partner und Kinder mithelfen, sollte eigentlich selbstverständlich sein, denn die Mami ist keineswegs nur dazu da, sich für die ganze Familie abzurackern und dabei ihr eigenes Leben aus den Augen zu verlieren ... Wichtig ist es, eine ausgewogene Balance zwischen den alltäglichen Anforderungen zu finden: Nicht alles muss *sofort* erledigt werden, keine Gardine wird so schnell schmutzig, dass sie alle paar Wochen in die Waschmaschine müsste. (Es sei denn, Sie haben zwei sabbernde Hunde, eine tollkühne Katze, einen starken Raucher und drei umtriebige Krabbelkinder zu Hause, die sich ständig mit ihren Schokoladefingern an der Gardine hochziehen – dann aber müssen Sie schlicht und einfach ganz konsequent an einer anderen Stelle Arbeit einsparen!) Wer die Aufgaben sinnvoll auf die freien Zeiten verteilt, wird bald feststellen, dass das Gefühl, zu nichts mehr Lust zu haben und ständig müde zu sein, bald ganz von selbst weicht. Lassen Sie sich nicht

von dem Gefühl treiben, mehr tun zu müssen und nie zur Ruhe zu kommen, weil noch tausend andere Sachen danach schreien, erledigt zu werden. Lernen Sie, diese »fordernden Stimmen« (die es realistischerweise nur in Ihrer Fantasie gibt!), getrost zu beschwichtigen. Rufen Sie den wichtigtuerischen Pseudo-Pflichten zu, dass auch sie einmal, zu passender Zeit, Gehör finden werden ...

Stattdessen sollten Sie erst einmal die Beine hochlegen, ein Tässchen Cappuccino schlürfen und einen Blick in das Buch werfen, das Sie sich vor drei Jahren gekauft haben und »demnächst einmal lesen wollten«. Wir möchten jetzt nicht zur Faulheit aufrufen, aber zur Gelassenheit. Damit lässt sich der Kampf mit den Alltagspflichten nämlich eindeutig besser bestehen, glauben Sie es uns ruhig erst mal, Sie werden es mit der Zeit schon ganz von selbst feststellen! »Ich möchte nicht die Wahnsinns-Superfrau sein«, sollte Ihr Wahlspruch lauten

Bevor Sie konkret anfangen zu überlegen, wie Sie die Misere bekämpfen, denken Sie doch mal über Ihre Einstellung zu Ihrem täglichen Aufgabenpaket nach. Wenn Sie sagen »Ich muss dies und jenes tun«, dann hört sich das sehr fremdbestimmt an. »Heute mache ich dies und jenes!« klingt schon viel freundlicher und motivierender. »*Ich mache*« beruht auf einer eigenen Entscheidung«, erklärt Dr. Petra Knapp, Psychotherapeutin und Veranstalterin von Seminaren, in denen Frauen und Männer lernen können, was ihnen gut tut. »Ich frage meine Seminarteilnehmer, wie sie leben würden, wenn sie tun und lassen könnten, was sie wollten. Meistens zeigt sich, dass sich gar nicht so viel ändern würde. Die Kinder würden geweckt, gewaschen und verpflegt, Arzttermine erledigt, der Müll runtergebracht und das Auto gewaschen werden. Weil man sich danach wohl fühlt. Wer sich das klar macht, bekommt das Gefühl zurück, die Zügel selbst in der Hand zu halten.«

Das kraftraubende Muss-Gefühl wird auch kleiner, wenn man sich die Vorteile im »Unternehmen Haushalt« anschaut: Jeder Tag kann selbst eingeteilt werden. Sie können je nach Tagesform flexibel entscheiden, wann die Wäsche gewaschen, der Kühlschrank ausgewischt oder der Boden geschrubbt wird. Das sollten Frauen nutzen und hierin Flexibilität beweisen. Diese vernünftige und pragmatische Haltung beugt einem »Burnout« vor – und sichert Ihre Lebensqualität.

Die Lebensfreude lässt sich übrigens ganz leicht auch zwischendurch mal wieder auffrischen. Mit dem Besuch eines Museums oder einer Ausstellung, einem ausgedehnten Stadtbummel (man muss ja nicht immer die Kreditkarte mitnehmen ...), einem Ausflug in den Tierpark (selbstverständlich mit den Kleinen) oder schönen Naturspaziergang, einem Tag auf einer Schönheitsfarm (absolut erquicklich) oder einem romantischen Dinner mit dem Partner (der diese Abwechslung sicherlich auch zu schätzen weiß). Manche Frauen frischen ihre alten Freundschaften wieder auf, schreiben Gedichte oder Tagebuch, verbringen mal einen Samstag im Bett, fangen an Spanisch zu lernen, schmökern in alten Krimis oder genießen die angenehme Wirkung einer bewussten Körper- und Schönheitspflege. All diese Dinge sind wunderbare Stresskiller, sie lassen das hektische Gemüt zur Ruhe kommen und schenken Entspannung. Weil viele Menschen ahnen, dass sie etwas für sich tun sollen, aber nicht genau wissen, wie das geht, gibt es eigene Seminare, um erneut den eigenen »Sehnsüchten auf die Spur zu kommen«. Am Anfang stehen beispielsweise kleine Übungen wie zweiminütige Verschnaufpausen zwischen zwei Projekten, zwei Minuten Besinnung – ohne einen Gedanken darauf zu verschwenden, was man anschließend noch alles tun muss ... »Gefühle wecken, Träume realisieren«, bringen es Persönlichkeitstrainer auf den Punkt. Ich kenne eine Frau, die sich ständig ausmalte, wie schön es doch wäre, aufgeräumte Schubladen zu haben. Sie hat es im Trubel des Alltags nie hingekriegt. Nach einem Schwächekollaps hat sie lernen müssen, einen Gang zurückzuschalten. Inzwischen erledigt sie ihre Anforderungen mit Genuss und hat auch ihren Traum von den aufgeräumten Schubladen verwirklicht. Das klingt vielleicht banal, aber der Fall beruht tatsächlich auf einer wahren Begebenheit. Ein solcher »Traum« kann auch sein, endlich mal alle Fotos in die Alben zu kleben – warum realisieren Sie ihn nicht konsequent? Keine Zeit dafür – das gibt es nicht! *Nehmen* Sie sich die Zeit dazu, das Leben ist viel zu schön und zu kurz, um nur vermeintlichen Verpflichtungen hinterher zu jagen! Sich selbst etwas Gutes tun, das heißt auch, den eigenen Wert wahrzunehmen. Sich eine kleine Freude zu gönnen, jemanden um Hilfe zu bitten, Mußestunden bewusst in den Tages- und Wochenablauf mit einzuplanen. »Das Glück fliegt niemandem zu. Für glückliche Momente muss man selbst sorgen«, besagt eine alte Lebensweisheit. Viel Wahrheit steckt darin, und gerade Mütter sollten sich diesen Leitsatz stets vor Augen halten.

❌ Praktische Tipps: Ballast abwerfen und zur Ruhe kommen

❌ Regelmäßig Pausen einplanen. Schon fünf Minuten wirken wahre Wunder!

❌ Tief durchatmen, wenn der Alltagsstress Sie wieder einmal aufzu-fressen droht ... Lachen Sie herzhaft, dehnen Sie sich, massieren Sie Ihren Nacken und die Beine.

❌ Ärger nicht hinunterschlucken, sondern die Konflikte möglichst sofort lösen: Das gilt sowohl für den beruflichen Ärger wie auch bei Streit in der Familie.

❌ Auf dem Heimweg von der Arbeit vollkommen abschalten. Planen Sie vor dem Nachhauseweg Ihren nächsten Arbeitstag mit Prioritäten. Alles andere kann morgen erledigt werden – jetzt kommt erst mal meine Familie dran!

❌ Positiv denken, gelassen an Aufgaben herangehen, Selbstvertrauen einüben.

❌ Ausspannen! Freizeit ist genauso wichtig wie die Arbeitsstunden. Sport treiben, sich gesund ernähren, wenig Alkohol trinken und möglichst das Rauchen einstellen – Ihr Körper wird es Ihnen mit neuer Energie danken.

❌ Um Hilfe bitten: den Partner, die Kinder, die Nachbarn. Auch mal Nein sagen, wenn Sie zum dritten Mal hintereinander die Kids der ganzen Straße von der Musikschule abholen sollen. Arbeiten gerecht verteilen.

❌ Unnütze Dinge aus dem Haushalt entrümpeln: Nippes, den keiner mehr anschaut, der aber regelmäßig abgestaubt werden muss, auch Kleidung, die Sie nie mehr anziehen werden. Alte Kalender, Bücher, Zeitungen und Urlaubserinnerungen, die keine Gefühle mehr in Ihnen wecken, sollten ganz schnell entsorgt werden. Das befreit ungemein, sowohl die eigenen vier Wände wie auch die Seele!

✪ Werfen Sie inneren Ballast ab: Verhaltensweisen, die Sie daran hindern, frei und selbstbewusst zu handeln, konsequent ablegen. Stattdessen sollten Sie Ihrem Selbstbewusstsein auf die Sprünge helfen und zum Beispiel lernen, in wichtigen Konferenzen energisch aufzutreten oder auch dann Freunde einzuladen, wenn nicht alles perfekt vorbereitet ist. Innerer Ballast äußert sich auch in negativen Gedanken: Sätze wie »Das schaffe ich ja doch nicht« oder »Niemanden interessiert meine Meinung« streichen Sie ab sofort aus Ihrem Wortschatz!

✪ Motivieren Sie sich zur Veränderung, indem Sie Ihre Gefühle verstärken. Je emotionaler Sie an eine Veränderung herangehen, desto erfolgreicher sind Sie. Ein Beweis dafür ist die Power, die man plötzlich entwickelt, wenn man richtig wütend ist!

Jeder Moment mit Ihrem Kind ist ein Geschenk. Doch der Alltag einer Mutter kostet viel Kraft. Kochen Sie nicht aufwendiger als nötig, machen Sie langsam, und lassen Sie mal »fünf gerade sein«. Gerade bei Müttern, die noch ganz kleine Kinder haben, macht sich auch ein großes Schlafdefizit bemerkbar. Wenn das Baby schläft, gönnen auch Sie sich ein Päuschen – der Abwasch kann ganz gut noch warten ... Vernachlässigen Sie außerdem als frisch gebackene Mami oder als Berufsrückkehrerin nicht Ihr äußeres Erscheinungsbild. Gut auszusehen gibt dem Selbstbewusstsein viel Auftrieb, deshalb achten Sie darauf, immer ein paar flotte Kombinationen im Schrank zu haben – das ist besonders auch für »Nur-Hausfrauen« ganz wichtig! Auch ein Spaziergang im Sonnenlicht oder das Solarium geben Auftrieb und verscheuchen depressive Gedanken.

✪ Wenn bei dem Versuch, alles unter einen Hut zu bringen, Schwierigkeiten auftreten, ist es nicht allein Ihre Sache, diese zu bewältigen. Auch wenn sich jede Frau zunächst einmal persönlich verantwortlich fühlt, sollten Sie nie vergessen: Die Mama ist nicht für alles zuständig und verantwortlich! Es nützt allerdings nichts, wenn Sie nur Wünschen und Gedankenspielen nachhängen, wie alles besser zu organisieren sei – damit schaffen Sie mehr Frust als Lust. Gehen Sie Schritt für Schritt vor, und überlegen Sie sich Kompromisse, zum Beispiel: „Ich mache die Wäsche komplett am Wochenende und nicht täglich eine halbe Stunde." Und denken Sie daran: Ein Ideal ist immer nur ein Ideal – die Realität sieht oft ganz anders aus!

✪ In einer Familie kann jeder Pflichten übernehmen, die Eltern natürlich mehr als die Kleinen. Eine gut sichtbare Pinnwand in der Küche, auf der die verschiedenen Aufgaben in Spalten aufgelistet sind, und Namensschilder dazu, wer diese Aufgaben wann zu erledigen hat, kann Wunder wirken. Gerade bei denjenigen Familienmitgliedern, die gern zu Vergesslichkeit neigen... Mit „Lob-Stickern" wie „Toll gemacht" oder „Fand ich klasse!" kann man zum Beispiel Kinder und sogar Jugendliche zusätzlich motivieren. Das bewährte System aus der Grundschule funktioniert auch hier!

✪ Wenn zusätzliche Hilfe im Haushalt oder bei der Kinderbetreuung, bei der Gartenarbeit oder im Büro notwendig ist – dann suchen Sie sich jemanden! Alles, was Sie nicht zwingend selbst erledigen müssen, können Sie delegieren. Schaufeln Sie sich damit einen Freiraum für sich selbst – für einen Kinobesuch, einen Termin bei der Kosmetikerin, eine Runde Joggen oder ein ausführliches Telefonat mit einem lieben Menschen. Wer ständig gehetzt ist, hat keinen Kopf mehr für die angenehmen Dinge des Lebens. Vergessen Sie das nie!

✪ Apropos Partnerschaft: Wann haben Sie mit Ihrem Partner das letzte Mal ein romantisches Abendessen genossen? Mal etwas ohne die Kinder unternommen? Das Wochenende gar weg von zu Hause verbracht? Wenn Sie jetzt sagen müssen, „Oh, das ist aber schon ganz lange her ...", dann sollten Sie das schleunigst ändern. Damit die Liebe im alltäglichen Stress nicht zu kurz kommt oder untergeht, sollte sie gehegt und gepflegt werden – natürlich im Rahmen des Möglichen und nie auf Kosten der Kinder.

✪ Nutzen Sie den Augenblick. Ein Geheimnis, Glück zu finden, ist, im Alltag die Schönheiten zu entdecken und sie bewusst zu genießen. Machen Sie heute etwas aus Ihren Talenten und Fähigkeiten, und trauern Sie nicht der Vergangenheit nach. Die lässt sich sowieso nicht mehr ändern – gestalten Sie lieber die Zukunft! Mit Zuversicht, Selbstbewusstsein und einer Portion Tatkraft kann jede Frau und Mutter in ihrem Alltag etwas zum Positiven hin bewegen und sich ganz individuelle „Oasen des Glücks" schaffen, die ihr Freude bereiten.

Wenn Sie wenigstens zwei bis drei unserer Tipps beherzigen und sie wie ganz selbstverständlich in Ihren Alltag einbauen, wird es Ihnen kaum mehr passieren, dass Sie stöhnen müssen: »Hilfe, ich bin so groggy!«

✪ Nachwort

Nachdem wir uns monatelang intensiv mit dieser Thematik beschäftigt und fast 20 Interviews geführt haben, ist uns klar geworden, dass sich auch die nächsten Generationen von Frauen und Männern mit diesen Problemen zwischen Karriere und Familie werden auseinander setzen müssen. Ob es unsere Töchter einmal leichter haben werden, Karriere und Familie zu vereinbaren? Wir glauben nicht, dass es in den nächsten Jahren für junge Frauen mit Kinderwunsch einfacher wird, denn die Berufswelt ist hart und verlangt uns Frauen viel Flexibilität, Kreativität und Einsatzwillen ab.

Trotzdem glauben wir, dass wir mit unserem Buch gezeigt haben, dass es aufwärts geht: Sowohl die Unternehmen als auch wir Frauen selbst möchten die Chancen, die uns geboten werden, nützen. Wenn wir uns die Studentinnenzahlen anschauen, dann beweist uns dies, dass immer mehr gut ausgebildete Frauen in den Arbeitsmarkt eintreten, die an sich und an die Unternehmen den Anspruch auf Vereinbarkeit von Familie und Karriere auch in hohen, gut bezahlten Positionen stellen werden! Auf das geflügelte Wort »man kann nicht alles haben« sollte die Antwort stets lauten: »Warum nicht?« oder wenigstens »Warum es nicht versuchen?«

Zur gesellschaftlichen Stellung einer Hausfrau bzw. Mutter möchten wir gerne unsere Erlebnisse beim Schreiben wiedergeben: Wir wollten auch ein Interview mit einer glücklichen Hausfrau und Mutter führen und haben versucht, ein geeignetes »Opfer« ausfindig zu machen. Aber es war unglaublich, dass es uns trotz angestrengter Bemühungen nicht gelungen ist, eine Frau zu finden, die sich bewusst entschieden hat, ihr Leben ganz der Familie zu widmen – und auch öffentlich dazu zu stehen. Eine Vollzeit-Mutter hat keine gesellschaftliche Anerkennung. Wir finden es sehr traurig, dass der schwierigste Job (der keinen Feierabend, kein Wochenende und keinen Urlaub kennt!) so negativ besetzt ist. Wir haben aber die Idee auch deshalb verworfen, weil es nicht Thema unseres Buches ist – aber vielleicht wäre es das Thema wert, auch darüber mal eines zu schreiben ...

Es ist bemerkenswert, dass alle unsere Interviewpartnerinnen viel über sich und ihre Rolle nachdenken, vielleicht auch eher eine sehr weibliche Eigenschaft. Nichts wird als selbstverständlich hingenommen, und das schlechte Gewissen bleibt meist nicht aus. Wie wir schon anfangs betonten, gibt es keine perfekte Lösung, keine perfekten Antworten – aber für jede und jeden den richtigen Weg. Man muss nur wagen, seine Träume zu leben – auch als Frau und Mutter, als Mann und Vater.

Fotonachweis

Esther Haase: S. 26, Iris Berben.
Alle anderen Fotos wurden freundli-
cherweise von den Interviewpartnern
zur Verfügung gestellt.

© 2002 by Mosaik Verlag in der
Verlagsgruppe FALKEN/Mosaik,
einem Unternehmen der
Verlagsgruppe Random House
GmbH, München / 5 4 3 2 1
Redaktion: Edigna Hackelsberger,
Marion Schulz
Layout: Petra Zimmer, Idstein
Umschlaggestaltung: Heinz
Kraxenberger, München
Satz und DTP: Margrit Stüber, Mainz
Druck und Bindung: fgb • freiburger
graphische betriebe
Printed in Germany
ISBN 3-576-11642-7